Bonjour Paris!

說走就走！巴黎散步去

TRICOLOR PARIS 荻野雅代 櫻井道子／著
藍嘉楹／譯

笛藤出版

前言

初訪巴黎的美好，讓人魂牽夢縈。為了重溫舊夢，再度踏上巴黎。雖然想去的景點都已收入口袋名單，但還是不太清楚該怎麼規劃行程…這本旅遊導覽書是為了讓每個人都能「輕鬆走遍巴黎」而製作的。希望對各位在行程的安排上，可以派上用場。

安排生活中的大小計畫時，習慣用星期來規劃的人應該不在少數，其實很多巴黎人也是如此。所以，只要事前調查清楚，掌握「星期天可以安排到很多店家還是有營業的香榭大道和瑪黑區」、「要逛百貨公司的話，就選在星期四，因為營業時間有延長」等原則，就可以像熟門熟路的在地人，把行程排得滴水不漏，一點時間也不浪費。換言之，只要能夠掌握「今天是星期幾，應該去哪裡」，一定能擁有一個非常豐富又充實的巴黎之旅。

本書從星期一到星期天，分別彙整出巴黎的旅遊玩樂資訊；列出每一天的建議行程，以具體的方式讓大家更有效率的遊覽巴黎。各位可以對照自己停留在巴黎的時間，加以運用。另外，本書也會分區為大家介紹必訪的觀光景點、私心推薦的流行店鋪以及美味餐廳。每一間介紹的店家都會附上營業時間，大家在打造專屬行程時就會更方便。

若能透過本書將我們在巴黎生活的「星期」與「地區」指南傳達給大家，令人有宛如住在巴黎的感覺的話，我們會感到非常開心。

接著，請大家想像著自己正穿梭在巴黎的大街小巷，同時翻開本書吧。

目次

本書記載的內容，依照2012年10月的資訊修訂而成。商品價格、店鋪資訊可能有所變動，敬請見諒。2012年10月的匯率是1￡＝約37元新台幣。店鋪情報可參考官網最新資訊。
本書介紹店鋪之搬遷、結束營業等最新情報，可至作者的網站查詢。
TRICOLOR PARIS：http://tricolorparis.com/livres

本書的使用方法

本書是一本從「星期」和「地區」切入巴黎的旅遊導覽書。為自助旅行的朋友們揭開不熟悉的「巴黎內幕」。書中按照星期列出美術館、觀光景點以及市集的公休資訊，安排行程時對照一下這些資料，就能避免白跑一趟敗興而歸。為了方便大家移動，本書把巴黎市區分為11區，範圍很廣的區域再細分為2～3個部分。只要懂得「連連看」，將星期幾和想要造訪的地點組合起來，相信每個人都能在有限的時間裡玩得非常盡興，留下美好的回憶。

星期一到星期天的法語發音

- 一 ⇨ **lundi** [lœ̃di]
- 二 ⇨ **mardi** [mardi]
- 三 ⇨ **mercredi** [mɛrkrədi]
- 四 ⇨ **jeudi** [ʒødi]
- 五 ⇨ **vendredi** [vɑ̃drədi]
- 六 ⇨ **samedi** [samdi]
- 日 ⇨ **dimanche** [dimɑ̃ʃ]

◎有時候會縮寫成前3個字母（例如：lun,mar.）。

◎營業時間的說明範例

ouvert：lun-sam.11：00～19：00（營業時間：一～六11點～19點）

fermé：dimanche et jours fériés（公休日：星期天、國定假日）

店家介紹的解讀方法

HOME Autour du Monde

巴黎式生活主張的第一把交椅

「BENSIMON」向來以設計簡單的帆布鞋或包包聞名，不過老闆賽吉先生1989年最早開的是這間傢飾精品店。這間概念店以巴黎的生活主張為最原始的考量，在開幕當初是當時很少見的店家。他們率先和亞米胥派（Amish）合作，成為在法國介紹Shaker Style的濫觴。在成為風潮之前，Autour du Monde已將環保融入商品的概念之中，永遠保持領先潮流的地位。每季都會推出充滿自然感的織品商品、家具、生活雜貨，其融合了自然、洗鍊和古典的世界風格，至今仍廣受喜愛。

data

地址：8 rue des France Bourgeois 75003
電話：01 42 77 06 08
地鐵：Saint Paul①
營業日：一～六11：00～19：00、日13：30～19：00
公休日：無休（除了1/1、5/1、12/25）
刷卡：Visa,Master
其他分店：12 rue des Frances Bourgeois 75003（3-a P68）
http://www.bensimon.com

73

地區名稱和郵遞區號

按照一～日的順序，以顏色區分星期幾

圓圈內有標示出來的日子代表有營業，如果為沒有文字的灰色圓圈，代表當天為公休日。

區域編號。範例為3區。

門牌號碼

data

地址：8 rue des Frances Bourgeois 75003

電話：01 42 77 06 08

地鐵：Saint Paul①

營業日：一～六11：00～19：00、日13：30～19：00

公休日：無休（1/1,5/1,12/25例外）

刷卡：Visa,Master

其他分店：12 rue des Frances Bourgeois 75003（3-a P68）等

http://www.bensimon.com

路名

地鐵的路線號碼

最近的地鐵站

標示出公休日和暑假期間。除此之外，有些店家也會在1/1,5/1,12/25等國定假日或年底年初休假。

各店家的類別依照以下的圖案表示。

- 觀光景點．百貨公司．市集．跳蚤市場
- 美術館．古蹟
- 餐廳．咖啡館
- 服裝．包包．鞋子．飾品
- 糕點．麵包．美食
- 生活雜貨

星期→（P13）

安排一星期中，推薦兩款只有當天才有的行程，並標示地區名稱、區域編號、最近的地鐵站。按照頁數，翻閱第2章介紹的店鋪、觀光景點的資訊，確認一整天的行程。

徒步的分鐘數可當作步行前往的參考。本書只介紹不必轉乘、可以直達目的地的地鐵搭法。

這一天建議造訪的區域。

可以改日前往的日子。
◎行程設定的季節是春夏，屬於晚上八點以前，天色都很明亮的時期。如果是冬天的話，請自行調整時間。

在這天開館與休館的主要美術館、跳蚤市場與市集，還有夜間延長開放的美術館和百貨公司。
◎巴黎聖母院、聖心堂等基本上每天都會開放的教堂不在此列。

地區→（P29）

記載此區一週中每一天的特徵和美術館的公休日、市集營業日。

各區的代表性古蹟或觀光景點的詳細資訊。

如何看地圖

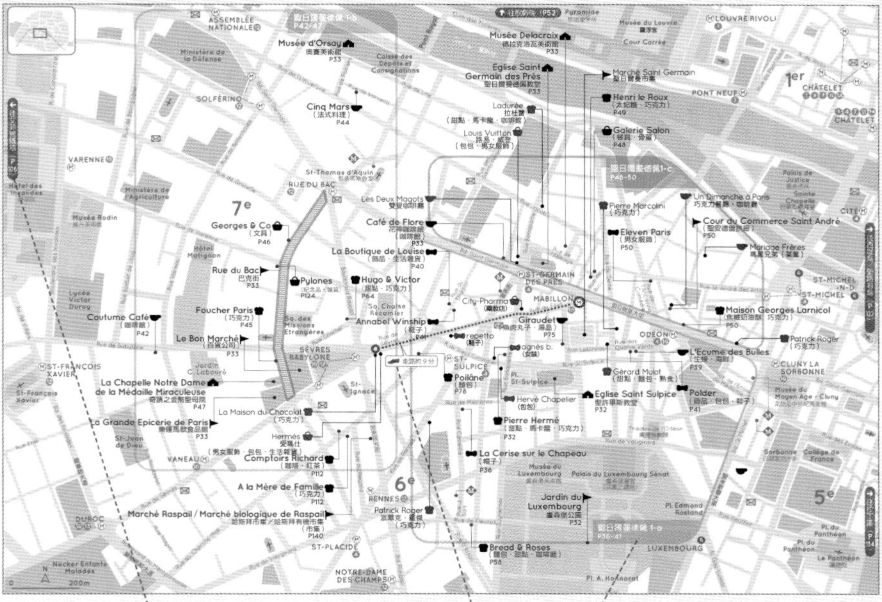

步行可到的鄰近地區。喜歡走路觀光的人，可以組合幾個中意的地區，打造出獨家行程。

為了方便大家走逛幅員遼闊的地區（聖日爾曼德佩、歌劇院、瑪黑、蒙馬特），特地把這些地區分為2～3區各別介紹。

Ⓜ Moroprix（超市）

✉ 郵局（La Poste）　Ⓜ 地鐵和路線號碼

▶ 黑色圖標：本書介紹的店家或觀光景點

▶ 灰色圖標：可當作街道地標的名店、市集、跳蚤市場、可以選購伴手禮的店家

表示以一般行走的速度，大約所需的時間。如果能對地區的大小先有概念，旅程就可以安排得更有效率。

旅遊備忘錄（P146）

附贈可供寫下備品&伴手禮清單、每天預定計畫的旅行備忘錄，以及可愛貼紙。讓大家在出發前就有即將去玩的好心情！

行前準備和基本資訊

即將啟程前往巴黎的人，務必掌握以下的資本資訊和旅遊小錦囊，讓巴黎之旅變得輕鬆又簡單。

從台灣飛往巴黎

從台灣直飛巴黎的所需時間大約是13個小時。時差是7小時，抵達巴黎後，請記得把手錶往回撥。從3月的最後一個星期天到10月最後一個星期天是夏季節約時間，時差也跟著調整為6小時。

從機場到巴黎市區

從戴高樂機場到巴黎市區有下列4種方法。

1.計程車：約45～60分鐘，所需時間依照目的地而不同。車資約為50～60€。早晚尖峰時刻車資可能更貴。

2.法航機場巴士：到達凱旋門、里昂車站或蒙帕那斯車站，約為60分鐘，車資為17€。

3.Roissy Bus：到終點站加尼葉歌劇院約60分鐘，車資為10€。

4.區域快鐵RER B線：到北站（Gare du Nord）約40分鐘，車資為9.5€。優點是不必擔心塞車，但會行經部分治安較差的地區，建議避開清晨或夜間等人少的時段搭乘。

漫步巴黎街頭

和亞洲許多大城市相比，巴黎的市區算是小得驚人。如果天氣和體力允許，走路是最好的遊覽方法。有趣的是，再小條的路也有自己的名字，而且在路口和終點都有標示路名和區域號碼的牌子。店面或住家入口也一定會標示出門牌號碼。

〈區（arrondissement）〉

巴黎以市中心為首，呈放射狀向外分為20區，每個地址依照「門號、路名、郵遞區號」的順序組成。區號的寫法不只一種，包括「75001、75002～75020」（最後兩位是號碼）、「1 er、2e～20e」等。區域劃分也和本書的「歌劇院」「香榭麗舍」等分法不同，一個區域可能橫跨好幾個地區（例如：聖日爾曼德佩就是位於6區和7區）。

〈表示路的單字〉

rue：用於一般的道路。

avenue：表示較寬的大道，前方大多有知名的古蹟或紀念碑。香榭麗舍大道和歌劇院大道就屬於avenue。簡寫為av.

boulevard：主要道路，例如聖日爾曼大道、聖米歇爾大道等。

quai：意思是河岸，大多出現在塞納河或聖馬丁運河邊的地址。

passage：車子無法通行的小路或拱廊。Rue des Abbesses和passage des Abbesses的名稱相同，卻是兩條完全不同的路，請特別注意。

place：廣場。

善用地鐵和巴士移動

知道如何搭乘1號線～14號線的地鐵的話，遊走巴黎會更方便。巴黎市區通用的單程票1張是1.7€，建議購買10張1套的回數票（Carnet）比較划算。不過，每站之間的距離通常很近，只有1～2站的話，直接步行反而比較快。

回數票也能搭乘巴士，1張票在1個半小時內可轉乘1次（僅限巴士之間的轉乘）。不過，為了避免遇到塞車，趕時間的人還是建議搭地鐵。

天氣好時，可利用租借自行車Vélib。只要1張晶片信用卡，即可在巴黎市區內的1800個租賃站點，用機器操作租車和還車。一天的租車基本費用是1.7€，前30分鐘免費，第2個30分鐘收費1€，第3個30分鐘是2€，之後的費率是每30分鐘4€。

在巴黎付帳

法國的貨幣是歐元（€）。很多店家均接受小額刷卡，非常方便。另外，也可以使用Visa或Master信用卡，從ATM提領現金。

法國的餐廳和咖啡廳的收費已含服務費，沒有硬性規定要支付小費。不過，對店家的料理或服務感到非常滿意時，就能藉由「付小費」來表達心意。留下店家找的零錢，或用信用卡買單時留下幾個銅板便足夠了。飯店的房間裡也不需留下小費。

如何在巴黎保護自己的安全

巴黎主要觀光景點一帶的治安尚稱安全，但還是有不少覬覦觀光客的扒手，置身於人多的地方或地鐵站時，請務必提高警覺。隨身攜帶的背包一定要附帶拉鍊。如果是斜背包，不要讓人碰到自己的背部。攜帶的現金能少則少，並隨時留意周圍有無可疑人士。使用智慧型手機時，務必小心會被搶。總之，多一分防範，就能少一分損失。即便是人多的鬧區，到了晚上也不要經過人少的路段。

遵守巴黎的禮節

不論逛街還是用餐，常說「Bonjour」（你好）、「Merci」（謝謝）、「Au revoir」（再見）這3個單字，相信這趟旅途會過得很開心。有服裝規定的地點僅限於夜遊塞納河的遊艇。出入星級餐廳，穿著整齊就可以了。另外，口罩、洋傘、長手套等，看在法國人的眼中都有幾分突兀，除非必要，建議收起來比較好。

巴黎的方便問題

巴黎能免費使用的廁所少之又少，往往不是故障，就是在內急時找不到，想在巴黎「方便」還真不方便…因此，一到餐廳或咖啡館用餐時，別忘了上廁所喔。

巴黎的行事曆 ※●是假日

1月 janvier

●1號：元旦。幾乎所有店家和美術館都不營業。

○6號：主顯節。大家會分食國王派，吃到藏在裡面的陶瓷小娃娃的幸運兒，當天就可以當一整天的國王。

○1月中旬～2月中旬（第5週）：冬季大特賣

●第1個星期天：美術館免費參觀日

2月 février

○2號：聖蠟節。有在家吃可麗餅的習俗。

○14號：情人節。向愛人表白的日子。人氣巧克力店和甜點店也會販售情人節周邊商品。

○2月～3月的2個星期：寒假有些店家會配合假期暫停營業。

○2月下旬：國際農業展。聚集法國各地的名產或家畜，能見識到法國農業蓬勃發展的一大盛事。

●第1個星期天：美術館免費參觀日

3月 mars

●3月22日～4月25日的其中1個星期天：復活節。小孩們會在家裡及庭院尋找彩蛋或兔子造型的巧克力。店家也會推出應景的小雞或兔子造型巧克力。

●復活節隔天的星期一／復活節隔天

●第1個星期天：美術館免費參觀日

最後1個星期天：夏令時間開始。時間往前1小時。和台灣的時差變6小時。

7月 juillet

●14日：國慶日。必看香榭麗舍大道的閱兵典禮、托卡德羅的煙火。

○上旬～下旬：環法自行車賽。各國自行車好手競逐的世界級賽事。終點是香榭麗舍大道。

○20號左右～8月19號左右：巴黎沙灘節。塞納河化為充滿夏日風情的沙灘。

○7月上旬～8月底：暑假。很多商店7月下旬～8月底都不營業。

●第1個星期天：美術館免費參觀日

8月 août

●15日：聖母升天節

○8月上旬～中旬：巴黎露天電影節。可以在戶外免費欣賞電影。

8月中：暑假很多商店不營業。尤其是8月中旬，幾乎所有私人經營的店家都會休息。

●第1個星期天：美術館免費參觀日

9月 septembre

○第3個星期六、日：歐洲文化遺產日。可以利用這個難得的週末，參觀平常不對外開放的愛麗榭宮和巴黎市政廳等。

●第1個星期天：美術館免費參觀日

4月 avril

○1號：愚人節。又名「4月的魚」，不論男女老幼，都很熱衷無傷大雅的惡作劇。

○橫跨4月～5月的2個星期：春假。有些店家會配合假期暫停營業。

●第1個星期天：美術館免費參觀日

5月 mai

●1號：鈴蘭花節。大家會互贈鈴蘭花。幾乎所有店家、美術館都不營業。

●8號：第2次世界大戰停戰紀念日

●復活節過後的第39天：基督升天日

●復活節過後的第50天：聖靈降臨日

○第3個星期六：美術館之夜。開放至深夜12點。

○最後1個星期天：母親節。如果和聖靈降臨日同一天，變為6月的第1個星期天。

●第1個星期天：美術館免費參觀日

6月 juin

○21號：音樂祭。整條大街小巷悠揚的樂音包圍。

○第3個星期天：父親節

○6月底～7月底（長達5個星期）：夏季大特賣

●第1個星期天：美術館免費參觀日

10月 octobre

○10月下旬的5天：巧克力沙龍展。各國巧克力大師雲集的巧克力盛典。

●第1個星期天：美術館免費參觀日

最後1個星期天：夏令時間結束。時鐘往後1小時。和台灣的時差變7個小時。

11月 novembre

●1號：諸聖節

●11號：第1次世界大戰停戰紀念日

○第1個星期六～星期天淩晨：Nuit Blanche（不眠夜）。巴黎觀光景點的夜間開放日。

○第3個星期四：薄酒萊新酒開瓶日。

○11月下旬～1月上旬：點燈裝飾。巴黎街頭在火樹銀花的裝飾下，炫麗奪目。百貨公司也會在上旬點燈。

●第1個星期天：美術館免費參觀日

12月 décembre

○12月上旬～下旬：聖誕市集

○每週星期天。平時公休的店家會在12月的星期天營業。

○24號：聖誕夜。家人團聚慶祝。幾乎所有店家都照常營業，只有少部分店家提前打烊。

●25日：聖誕節。所有商店、美術館不營業。

○31號：除夕。和朋友參加派對。到香榭麗舍大道跨年。所有店家照常營業。

●第1個星期天：美術館免費參觀日

巴黎的天氣

打包旅行的衣物時，依據「天氣説變就變」和「氣溫比東北亞的日本還低一點」這兩大重點來準備。因應氣溫驟降的防寒外套或披肩、折傘等，是一年四季的必備品。因應巴黎的烈日，防曬油、太陽眼鏡、帽子需準備齊全。巴黎的冬天冷到刺骨，除了羽絨外套或靴子等禦寒衣物，還有護唇膏、護手霜。如果再參考tricolor · paris的《天氣　服裝日曆》，打包行李時更得心應手了！

http://www.tricolorparis.com/meteo

必備品清單
（建議從台灣帶過去的品項）

□折疊傘 · 帽子：天氣説變就變，需做好萬全準備。連帽運動衫也是非常實用的單品。

□太陽眼鏡：就算是不戴太陽眼鏡的人，還是準備一付比較妥當。

□針織衫 · 披肩：即使是夏天，早晚溫差大，帶一件薄外套或披肩備用。

□拖鞋：幾乎所有的旅館皆不提供。

□牙刷組：很多旅館不提供，自己準備比較放心。

□潤絲精：小旅館通常不提供。

□絲襪：巴黎的價格貴到讓人咋舌。

□封箱膠帶：補強行李或伴手禮包裝的強度時很方便。

□密封容器和夾鏈袋：打包馬卡龍等甜點、液體、味道強烈的物品。

（巴黎必買的購物清單）

□護唇膏和護手霜：為了對抗乾燥空氣，推薦法國品牌「Caudalie」的護唇膏和「Nuxe」的護手霜。

□沐浴乳：大約3€就能入手各種法國特有的香氛沐浴用品。

□巴黎地圖（Plan de Paris）：仰賴智慧型手機的地圖導航還是不夠保險。口袋版地圖在Moroprix（P141）或販賣亭都買得到。

□地鐵路線圖：到地鐵的服務窗口索取用起來很方便的免費折疊式迷你路線圖。

□超市的環保袋：Moroprix或樂蓬馬歇的環保袋（法文是Sac Réutilisable）造型可愛，能當作紀念品帶回家，或現買現用，把逛街的戰利品通通裝進去。

□礦泉水：事先在超市買好6入的小瓶裝礦泉水比較划算。尋找「只有巴黎才買得到的」草莓口味或產地限定的礦泉水等，也是旅行的樂趣。

＊價格和體驗內容等資訊都是以作者當下的經驗為準，有可能會出現變動。

Chapitre 1

Paris par jour de la semaine

第1章

一週7天的巴黎導覽

讓「巴黎行事曆」透過日常生活在腦中自然成形，除了每天的生活，也能在擬定旅行計畫派上意想不到的用場。本章會介紹星期一～星期天的每日特徵，以及美術館的公休日、市集或跳蚤市場的營業資訊。此外，為了充分利用時間，每天都為讀者特別安排了兩種建議行程。

星期一 lundi

最多店家公休的日子，也是巴黎一星期中最安靜的一天。百貨公司是購物的最佳選擇。

許多餐廳、糕餅店、茶館或創意小店等會在星期一公休，也有部分店家下午才開店。不論用餐還是逛街，建議選擇照常營業的百貨公司、知名精品店或大型連鎖店。另外，因為奧賽美術館公休，羅浮宮可能會湧進更多遊客。

觀光景點

開館

- 樂蓬馬歇百貨公司（P33）
- 德拉克洛瓦美術館（P33）
- 橘園美術館（P52）
- Pinacothèque美術館（P52）
- 羅浮宮（P53）
- 加尼葉歌劇院（P53）
- 古斯塔夫·莫羅美術館（P91）
- 凱旋門（P98）
- 艾菲爾鐵塔（P106）
- 龐畢度中心（P114）
- 克紐尼中世紀博物館（P134）

休館

- 奧塞美術館（P33）
- 歐洲攝影博物館（P75）
- 浪漫生活博物館（P82）
- 小皇宮（P98）
- 榮軍院（每個月的第一個星期一休館／P106）
- 羅丹美術館（P106）
- 阿拉伯世界研究所（P134）

市集＆跳蚤市場

- 克利尼昂古爾跳蚤市場（7:00～19:30／P31）
- 瑪德蓮廣場花市（8：00～19：30／P54）
- 西堤島的花市（8：00～19：30／P122）

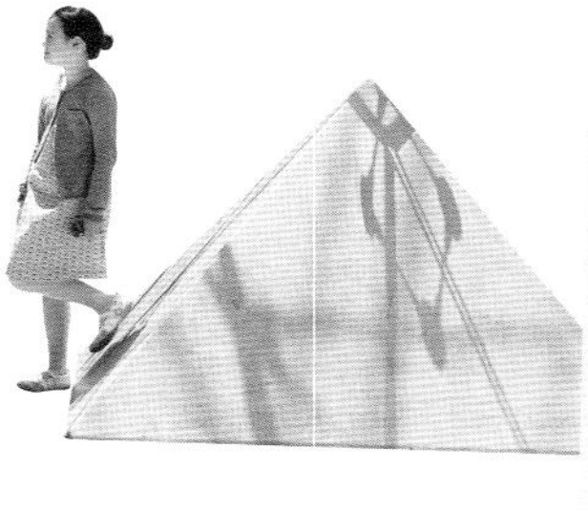

建議造訪地區

- 歌劇院2-a,2-b（P52）
- 香榭麗舍5-a（P98）
- 龐畢度中心／巴黎市政廳7-a（P114）
- 西堤島／聖路易島8-a（P122）

itinéraire 01

參觀羅浮宮和歌劇院，逛逛百貨公司，享受知性與購物之旅

2-a 歌劇院（P56）

地鐵①Palais Royal-Musée du Louvre下車

9:00 參觀羅浮宮

巴黎必訪（P53）。建議事先做好功課，鎖定想看的作品。

↓

12:00 午餐

在羅浮宮地下購物廣場Carrousel du Louvre（P63）用餐。

↓ 走路約15分鐘

13:00 參觀歌劇院

造訪加尼葉歌劇院（P53），一睹夏卡爾描繪在穹頂的美麗壁畫。

↓ 走路約3分鐘

14:00 購物

拉法葉百貨（P64）本館6F的巴黎名產區，或男裝館2F的美食天地挑選伴手禮。

↓ 走路約2分鐘

2-b 歌劇院（P62）

16:00 休息&購物&觀光

在春天百貨（P56）的Cafe Pushkin或Mode館6F的Brasserie小憩後，到1F的Hugo&Victor（P64）或2F的Ladurée、Maison de Chocolat選購伴手禮。

★可改日前往的時間　星期　三 四 五

itinéraire 02

一整天逛遍巴黎的古蹟

5-a 香榭麗舍（P98）

地鐵⑥⑨Trocadéro下車

9:00 眺望艾菲爾鐵塔

隔著塞納河，從夏佑宮的正前方可以看到峨然矗立的艾菲爾鐵塔（P106）。

↓ 搭地鐵約6分鐘／⑥Trocadéro～Charles de Gaulle - Étoile

10:00 參觀凱旋門

遠眺羅浮宮（P53）、香榭麗舍大道、新凱旋門的景緻。

↓ 走路約1分鐘

11:30 午餐&購物

漫步在香榭麗舍大道。在Charbon Rouge（P103）吃午餐。接著去「Publicis Drugstore」「Peugeot Avenue旗艦店」「H&M」（皆在P104）盡情購物。

↓ 走路約15分鐘
或者搭地鐵約3分鐘／⑨Franklin D.Roosevelt～Alma Marceau

17:00 搭塞納河游船

搭船一覽巴黎主要古蹟。乘船處在阿爾曼橋旁。4～9月每30分鐘一班，10～3月每小時一班。成人11.5€，未滿12歲5.5€，未滿4歲免費。

★可改日前往的時間　星期　二 三 四 五 六 日

星期二 mardi

熱門美術館的公休日。把握這段時間悠閒購物吧！

星期二是不少知名觀光景點的公休日，包括橘園美術館、龐畢度中心等。因此，有開館的奧賽美術館可能會湧進更多遊客。不妨利用這天走訪教會等其他古蹟名勝，或者去逛街購物，都是不錯的選擇。平日的話店家也不會那麼擁擠。

觀光景點

開館

- 奧賽美術館（P33）
- Pinacothèque美術館（P52）
- 加尼葉歌劇院（P53）
- 浪漫生活博物館（P82）
- 凱旋門（P98）
- 小皇宮（P98）
- 艾菲爾鐵塔（P106）
- 榮軍院（P106）
- 羅丹美術館（P106）

市集＆跳蚤市場

- 哈斯拜市集（7：00～14：30／P34）
- 聖日爾曼市集（8：00～20：00／P35）
- 瑪德蓮廣場花市（8：00～19：30／P54）
- 紅孩兒市集（8：30～19：30／P67,139）
- 西堤島的花市（8：00～19：30／P122）
- 阿里格市集（7：30～13：30／P140）
- 莫貝市場（7：00～14：30／P134）

休館

- 德拉克洛瓦美術館（P33）
- 橘園美術館（P52）
- 羅浮宮（P53）
- 歐洲攝影博物館（P75）
- 古斯塔夫·莫羅美術館（P91）
- 龐畢度中心（P114）
- 克紐尼中世紀博物館（P134）
- 國家自然歷史博物館（P134）

建議造訪地區

- 聖日爾曼德佩1-a,1-b,1-c（P32）
- 歌劇院2-a,2-b（P52）
- 瑪黑區 3-a,3-b（P66）
- 蒙馬特4-a,4-b（P82）
- 香榭麗舍5-a（P98）
- 艾菲爾鐵塔6-a（P106）
- 龐畢度中心／巴黎市政廳7-a（P114）
- 西堤島／聖路易島8-a（P122）

itinéraire 03

艾菲爾鐵塔和周邊地區一日遊

6-α 艾菲爾鐵塔（P106）

地鐵⑥Bir-Hakeim或RER C線Champ du Mars下車

9:00 （9月2號～6月14號是9：30）

艾菲爾鐵塔觀光

巴黎最大的地標之一（P106）。若想搭電梯登塔，請做好大排長龍的心理準備。事先透過網路購票可以縮短排隊的時間。

↓ 走路約6分鐘

12:00 午餐

實力派日本主廚掌舵的Au Bon Accueil。坐在看得到艾菲爾鐵塔的露天座位，享用精雕細琢的法國料理。

↓ 走路約6分鐘

14:00 選購美味的土產

造訪Comptoirs Richard（P112）後，往右轉走到Rue Cler（P111）。接著到Á la mere de famille挑選巧克力（P112）和Famille Mary選購蜂蜜，最後回到Rue Saint Dominique的Lemoine（P112）購買可麗露。

↓ 走路約3分鐘

15:30 休息

在Alain Milliat（P108）點杯透心涼的果汁，休息片刻。

↓ 走路約15分鐘

5-α 香榭麗舍大道（P98）

16:00 參觀小皇宮

巴黎市政府營運。可免費參觀常設展。

★可改日前往的時間　星期 三 四 五

itinéraire 04

欣賞美麗的彩色玻璃，大啖可口的生蠔和可麗餅

8-α 西堤島／聖路易島（P122）

地鐵④Cité下車

9:00

仰望全巴黎最美麗的彩色玻璃，接受藝術的洗禮

造訪巴黎聖母院（P122），欣賞玫瑰窗的彩色玻璃。登塔從早上10點開始。聖禮拜堂（P122）的彩色玻璃已登錄世界遺產，是哥德式建築的禮拜堂。

↓ 搭地鐵約8分鐘／Cité～Odéon

1-α 聖日爾曼德佩（P36）

12:00 午餐

到L'Ecume des Bulles（P39）點份生蠔＋大蝦＋單杯葡萄酒的套餐，大啖新鮮海味。

↓ 走路約6分鐘

14:00 逛遍可愛的服飾店

來La Boutique de Louise挑選飾品配件（P40），再走一趟Annabel Winship（P41）帶雙綴滿星星的低跟鞋。

↓ 走路約4分鐘

16:00 到超市挖寶

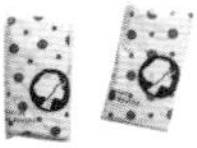

Monoprix（P141）可以挖到不少只有巴黎才有的零嘴、生活雜貨、文具等，買來當伴手禮也不錯。

↓ 走路約20分鐘

8-α 西堤島／聖路易島（P122）

18:00 晚餐

逛了一天後，悠悠走去Au Bougnat（P38）享用一頓美味晚餐，除去旅行的疲勞吧。

★可改日前往的時間　星期 一 三 四 五 六

星期三 mercredi

在小朋友不用上學的喧鬧巴黎裡盡情散步

星期三是法國名符其實的小周末，也是小朋友不用上學的日子！一到這天，盧森堡公園、杜麗樂花園、聖馬丁運河等地，到處都是全家總動員的遊客。如果能漫步在不絕於耳的歡笑聲中，嘴角也會不自覺地上揚吧！羅浮宮、羅丹美術館等皆有延長開館至晚上，讓行程的安排更具彈性。順帶告訴大家，夏季和冬季兩次的大減價首賣日也是星期三喔。

觀光景點

開館

- 奧賽美術館（P33）
- 德拉克洛瓦美術館（P33）
- 橘園美術館（P52）
- Pinacothèque美術館（P52）
- 加尼葉歌劇院（P53）
- 羅浮宮（P53）
- 歐洲攝影博物館（P75）
- 浪漫生活博物館（P82）
- 古斯塔夫·莫羅美術館（P91）
- 凱旋門（P98）
- 小皇宮（P98）
- 艾菲爾鐵塔（P106）
- 榮軍院（P106）
- 羅丹美術館（P106）
- 龐畢度中心（P114）
- 克紐尼中世紀博物館（P134）

休館

- 無

夜間開放

- Pinacothèque美術館（～21：00／P52）
- 羅浮宮（～21：45／P53）
- 羅丹美術館（～20：45／P106）
- BHV（～21：00／P114）

市集＆跳蚤市場

- 聖日爾曼市集（8：00～20：00／P35）
- 瑪德蓮廣場花市（8：00～19：30／P54）
- 聖歐諾黑市場（12：30～20：30／P55）
- 紅孩兒市集（8：30～19：30／P67,139）
- 西堤島的花市（8：00～19：30／P122）
- 巴士底市集（7：00～15：00／P130）
- 阿里格市集（7：30～13：30／P140）
- 蒙日市集（7：00～14：30／P134）

建議造訪地區

- 聖日爾曼德佩,1-b（P33）
- 歌劇院2-a,2-b（P52）
- 瑪黑區 3-a,3-b（P66）
- 龐畢度中心／巴黎市政廳7-a（P114）
- 聖馬丁運河／共和廣場9-a（P126）
- 拉丁區11-a（P134）

itinéraire 05

沉浸在奧賽美術館與左岸的魅力

1-b 聖日爾曼德佩（P42）

地鐵⑫Solférino或RER C線Musée d'Orsay下車

9:30 奧賽美術館

參觀美術館（P33）的首要任務是，飽覽米勒、莫內、雷諾瓦、塞尚和梵谷等巨匠們的名作。

↓ 走路約10分鐘

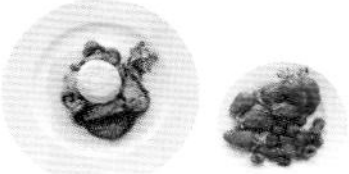

12:30 午餐＆挑選伴手禮

在Cinq Mars（P44）享用午餐後，到George＆co（P46）選購充滿巴黎味的文具。接著去FOUCHER（P45）挑選外型精美的巧克力，再到奇蹟之金幣聖母院（P47）購買聖牌。

↓ 走路約1分鐘

15:30 伴手禮之旅

代表左岸的樂蓬馬歇百貨公司（P33）。樂蓬馬歇食品館（P34）匯集來自法國及世界各地的珍饈百味，堪稱伴手禮的天堂。

↓ 走路約3分鐘

17:00 休息

Coutume Café（P42）在這裡享用美味的咖啡和蛋糕，小憩片刻。

↓ 走路約3分鐘

6-a 艾菲爾鐵塔（P106）

18:00 羅丹美術館

每週三延長開館到20：45。陳列了羅丹的雕刻作品的庭院也是知名的美景。（P106）

★可改日前往的時間　星期 三 四 五 六

itinéraire 06

選購伴手禮，見識羅浮宮的夜間風貌

7-a 龐畢度／巴黎市政廳（P114）

地鐵①⑪Hôtel de Ville下車

9:30 觀光＆尋找美味的伴手禮

參觀巴黎市政廳（P114）的美麗建築和9:30營業的BHV（P114）後，前往Maison de la Prasline Mazet（P120）和Pralus（P120）。

↓ 走路約4分鐘

11:00 龐畢度中心

一睹現代藝術的世界，館內的商店販售各種有趣的物品，千萬不能錯過。

↓ 搭地鐵約6分鐘／①Châtelet站～Tuileries站

2-b 歌劇院（P62）

13:30 午餐＆觀光＆挑選伴手禮

Qualité＆Co（P64）吃完午餐後，走訪杜麗樂花園（P53）和皇家宮殿（P53）。再到Carrousel du Louvre（P63）購物。

↓ 走路約4分鐘

18:30 晚餐

到讚岐家（P64）點碗烏龍麵，用簡單的日式料理撫慰一連幾天都吃西餐的腸胃。

↓ 走路約4分鐘

19:15 羅浮宮

每週三、五延長開館到21：45（P53）。可以慢慢欣賞藝術作品。

★可改日前往的時間　星期 三 四 五 六

星期四 jeudi

把握百貨公司和美術館的夜間開館時間

巴黎的星期四最值得注意的就是3大百貨公司都會延長營業至晚上9點。對於白天忙著跑景點，無暇逛街購物的人，真是一大福音。記得早點吃完晚餐，才有足夠的時間盡情地逛百貨公司。如果回國的前一天剛好碰上星期四，把握最後機會到百貨公司挑選合適的伴手禮吧。另外，奧賽美術館也有夜間開館喔。

觀光景點

開館

- 奧賽美術館（P33）
- 德拉克洛瓦美術館（P33）
- 橘園美術館（P52）
- Pinacothèque美術館（P52）
- 羅浮宮（P53）
- 加尼葉歌劇院（P53）
- 歐洲攝影博物館（P75）
- 浪漫生活博物館（P82）
- 古斯塔夫·莫羅美術館（P91）
- 凱旋門（P98）
- 小皇宮（P98）
- 艾菲爾鐵塔（P106）
- 榮軍院（P106）
- 羅丹美術館（P106）
- 龐畢度中心（P114）
- 克紐尼中世紀博物館（P134）

休館

- 無

夜間開館

- 奧賽美術館（～21：45／P33）
- 樂蓬馬歇百貨（～21：00／P33）
- 春天百貨（～22：00／P56）
- 拉法葉百貨（～21：00／P64）
- 龐畢度中心展廳1&2（～23：00／P114）

市集&跳蚤市場

- 聖日爾曼市集（8：00～20：00／P35）
- 瑪德蓮廣場花市（8：00～19：30／P54）
- 紅孩兒市集（8：30～19：30／P67,139）
- 郵票市場（9：00～19：00／P99）
- 聖厄斯塔許市集（7：00～15：00／P115）
- 西堤島的花市（8：00～19：30／P122）
- 巴士底市集（7：00～15：00／P130）
- 阿里格市集（7：30～13：30／P140）
- 莫貝市場（7：00～14：30／P134）

建議造訪地區

- 聖日爾曼德佩1-b（P33）
- 歌劇院2-a,2-b（P52）
- 瑪黑區3-b（P67）
- 蒙馬特4-a,4-b（P82）
- 聖馬丁運河／共和廣場9-a（P126）

itinéraire 07

走訪北瑪黑和聖馬丁運河，晚上逛百貨公司

3-b 瑪黑（P76）

地鐵⑧Filles du Calvaire下車

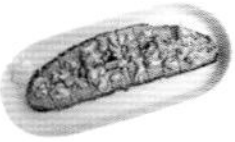

9:00 早餐

在La Cuisine de Bar（P78）點幾個剛出爐的麵包，享受一頓法式早餐。

↓ 走路約5分鐘

10:00 選購時髦可愛的紀念品

到merci（P67）AB33、Mousieur Paris（P80）尋找新鮮貨。餓了可以買些Popelini的（P76）迷你泡芙嚐嚐。

↓ 走路約1分鐘

13:00 午餐

紅孩兒市集（P139）裡有可以用餐的攤位，菜色相當豐富。

↓ 走路約15分鐘

9-a 聖馬丁運河／共和廣場（P126）

14:30 散步&採購伴手禮

漫步在聖馬丁運河（P126）沿岸，途中可以逛逛Medicice Douce（P129）、DANTE&MARIA（P128）、Pop Market（P128）。走累了，就到La Chambre Aux Oiseaux（P127）休息片刻吧。

↓ 走路約2分鐘

2-a 歌劇院（P56）

19:00 尋找美味名產&購物

每週四拉法葉百貨公司（P64）延長營業至21點，春天百貨（P56）則到20:45。建議到春天百貨的La Brasserie或Maison館頂樓露天咖啡廳（P56）用晚餐。

★可改日前往的時間　星期 二 五 六

itinéraire 08

蒙馬特山丘巡禮&夜訪奧賽美術館

4-b 蒙馬特（P92）

地鐵②Anvers下車

9:00 觀光

造訪白堊建築的聖心堂（P83），將巴黎的絕景盡收眼底。

↓ 走路約5分鐘

10:00 巴黎達利蒙馬特空間

Espace Dali（P83）

走進20世紀超現實主義藝術家達利的幻想世界。

↓ 走路約10分鐘

11:30 觀光&午餐&挑選伴手禮

到Tombées du Camion（P95）採購後，於Gontran Cherrier吃午餐（P94）。之後到狡兔酒吧（P85）對面的葡萄園體會蒙馬特山丘之美。

↓ 搭地鐵約10分鐘／⑫Abbesses～Madeleine

2-b 歌劇院（P62）

16:00 挑選伴手禮

造訪瑪德蓮教堂（P52）後，前往巴黎老舖Maille（P61）Christofle（P61）L'Effet Maison（P59）看看。

↓ 搭地鐵約8分鐘／⑫Madeleine～Solférino

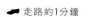

1-b 聖日爾曼德佩（P42）

19:15 奧賽美術館

每週四延長開館到21:45（P33）。可以在館內的餐廳或咖啡廳用餐。

★可改日到訪的時間　星期 一 二 三 五 六

星期五 vendredi

DÉFENSE ABSOLUE
DE FAIRE LIVRER
DES CAISSES DE MARCHANDISES
ET DU CHARBON
APRÈS 11h

盡情享受洋溢著解放感的巴黎周末

終於到了令巴黎人引頸期盼的周末了！到了傍晚，地鐵可能會湧入提早下班的上班族、帶著大件行李準備的學子等。想要避開人擠人，確保參觀品質的話，可以善用羅浮宮夜間開放的時間。想要盡情購物的人，不妨把握樂蓬馬歇延長營業的時間，還能順便到食品館把法國的特產買齊，非常方便。

LILLET

觀光景點

開館

- 奧賽美術館（P33）
- 德拉克洛瓦美術館（P33）
- 橘園美術館（P52）
- Pinacothèque美術館（P52）
- 羅浮宮（P53）
- 加尼葉歌劇院（P53）
- 歐洲攝影博物館（P75）
- 浪漫生活博物館（P82）
- 古斯塔夫·莫羅美術館（P91）
- 凱旋門（P98）
- 小皇宮（P98）
- 艾菲爾鐵塔（P106）
- 榮軍院（P106）
- 羅丹美術館（P106）
- 龐畢度中心（P114）
- 克紐尼中世紀博物館（P134）
- 阿拉伯世界研究所（P134）

休館

- 無

夜間開館

- 樂蓬馬歇百貨（～21：00／P33）
- Pinacothèque美術館（～21：00／P52）
- 羅浮宮（～21：45／P53）
- 阿拉伯世界研究所（～21：30／P134）

市集＆跳蚤市場

- 哈斯拜市集（7：00～14：30／P34）
- 聖日爾曼市集（8：00～20：00／P35）
- 瑪德蓮廣場花市（8：00～19：30／P54）
- 紅孩兒市集（8：30～19：30／P67,139）
- 安維爾斯市集（15：00～20：30／P85）
- 西堤島的花市（8：00～19：30／P122）
- 阿里格市集（7：30～13：30／P140）
- 蒙日市場（7：00～14：30／P134）

建議造訪地區

- 聖日爾曼德佩1-b,1-c（P33）
- 歌劇院2-a,2-b（P52）
- 蒙馬特4-a（P82）
- 拉丁區11-a（P134）

itinéraire 09

巴黎左岸的親身體驗日

11-a 拉丁區（P134）

地鐵⑩Cluny La Sorbonne下車

9:30 克紐尼中世紀博物館

鎮館之寶「情人與獨角獸」掛毯、15～16世紀的繪畫、雕刻、生活用品和高盧・羅馬時代的公共澡堂遺跡都不容錯過（P134）。

↓ 走路約8分鐘

11:00 法式甜點

選購Franck Kestener（P136）的巧克力餅乾或加了鹽味太妃糖＆奶油酥餅的板狀巧克力，再到Le bonbon au palais（P137）挑選來自法國各地的傳統糖果。

↓ 走路約3分鐘

12:30 午餐

在Terroir Parisien（P135）點一份由星級大廚構思的熱狗或焗烤洋蔥湯，享受一頓法式午餐。

↓ 走路約13分鐘或搭地鐵約4分鐘／⑩Maubert-Mutualité～Odéon

1-c 聖日爾曼德佩（P48）

14:30 挑選美味伴手禮

買Larnicol（P50）焦糖奶油酥，再到Henri le Roux（P49）帶點太妃糖，接著去Un Dimanche à Paris（P35）點份濃郁的巧克力泡芙和蛋糕，小憩片刻。

↓ 走路約15分鐘

1-b 聖日爾曼德佩（P42）

17:00 前往樂蓬馬歇百貨公司

每週四、五延長營業到21：00（P33）。可以在食品館採購土產或買些小菜回旅館用餐。

★可改日到訪的時間　星期 三 四 六

itinéraire 10

充分利用地鐵12號線，造訪美術館＆盡情購物

4-a 蒙馬特（P82）

地鐵／⑫Trinité d'Estienne d'Orves下車

10:00 古斯塔夫・莫羅美術館

造訪由莫羅生前住過的建築物改建的美術館（P91），感受到當時的生活氛圍。

↓ 走路約5分鐘

11:30 在SOPI購物＆吃午餐

南皮加勒是最近備受注目的區域（暱稱為SOPI）。到Vanina Escoubet（P91）或Le Rocketship（P86）逛逛，再去Les Affranchis（P88）吃午餐。

↓ 走路約3分鐘

14:00 在殉道者街（Rue Des Martyrs）尋找美味伴手禮

先到La Chambre aux Confitures（P90）挑選滿滿果肉的手工果醬，再至Sébastien Gaudard（P89）外帶幾塊蛋糕享用。

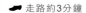

↓ 搭地鐵約7分鐘⑫／Notre-Dame-des-Champs～Concorde

2-a 歌劇院（P56）

16:00 橘園美術館

造訪整修完畢的橘園美術館（P52），欣賞與自然光融為一體的莫內巨作「睡蓮」。

↓ 走路約5分鐘

2-b 歌劇院（P62）

19:00 晚餐＆羅浮宮

在讚岐家（P64）或Carrousel du Louvre（P63）簡單解決後，夜訪每週三、五延長開館到21：45的羅浮宮（P53）。

★可改日到訪的時間　星期 三 四 六

星期六　samedi

人潮洶湧的鬧區，最理想的安排是觀光或散步

星期天不營業的店家很多，因此許多巴黎人會在這天出門逛街。尤其是百貨公司等熱鬧區域，從下午到傍晚這段時間更是擠得水洩不通。如果安排觀光、散步、逛跳蚤市場的行程，就可以愜意的渡過週末。請注意少數餐廳週末休息，或只有晚餐時段營業，記得先確認清楚。

觀光景點

開館

- 奧賽美術館（P33）
- 德拉克洛瓦美術館（P33）
- 橘園美術館（P52）
- Pinacothèque美術館（P52）
- 羅浮宮（P53）
- 加尼葉歌劇院（P53）
- 歐洲攝影博物館（P75）
- 浪漫生活博物館（P82）
- 古斯塔夫·莫羅美術館（P91）
- 凱旋門（P98）
- 小皇宮（P98）
- 艾菲爾鐵塔（P106）
- 榮軍院（P106）
- 羅丹美術館（P106）
- 龐畢度中心（P114）
- 克紐尼中世紀博物館（P134）

休館

- 無

夜間開放

- BHV（～20：00／P114）

市集＆跳蚤市場

- 聖日爾曼市集（8：00～20：00／P35）
- 瑪德蓮廣場花市（8：00～19：30／P54）
- 聖歐諾黑市場（12：30～20：30／P55）
- 紅孩兒市集（8：30～19：30／P67,139）
- 郵票市場（9：00～19：00／P99）
- 西堤島的花市（8：00～19：30／P122）
- 阿里格市集（7：30～14：30／P140）
- 莫貝市場（7：00～15：00／P134）
- 克利尼昂古跳蚤市場（7：00～19：30／P31）
- 梵維斯跳蚤市場（7：00～14：00／P138）

建議造訪地區

- 瑪黑區 3-a（P66）
- 香榭麗舍5-a（P98）
- 聖馬丁運河／共和廣場9-a（P126）
- 巴士底10-a（P130）
- 克利尼昂古跳蚤市場（P31）
- 梵維斯跳蚤市場（P138）

itinéraire 11

在瑪黑和香榭麗舍探索巴黎古今&感受艾菲爾鐵塔的夜間風情

3-a 瑪黑（P70）

地鐵①St-Paul下車

9:30 散步&維克多雨果紀念館

法國文豪維克多雨果的故居，位於巴黎最古老的孚日廣場（P66）。

↓ 搭地鐵約10分鐘／①St-Paul～Champs Elysées Clemenceau

11:00 漫步在瑪黑區&午餐

瑪黑是個新舊並存的區域，有許多林立著16世紀貴族宅邸的錯綜小路，同時也是猶太人聚集地。在Meert買（P70）格子鬆餅後，前往Jaja（P72）用餐。

↓ 搭地鐵約8分鐘／⑤Bastille～Jacques Bonsergent

5-a 香榭麗舍大道（P98）

15:00 小皇宮（P98）

巴黎市政府營運，可免費參觀。如果累了就到中庭對面的咖啡館休息吧。

↓ 走路約10分鐘／前往香榭麗舍大道

17:00 香榭麗舍大道購物中

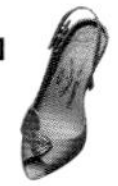

挑選Le66（P100）、H&M（P104）流行新品後，再去Publicis Drugstore（P104）採購藥妝品。晚餐吃Renoma Café Gallery（P102）。

↓ 搭地鐵約5分鐘／⑨Franklin D.Roosevelt～Trocadéro

20:00 從夏佑宮眺望閃爍在夜空的艾菲爾鐵塔

鐵塔的燈光秀整點開始。建議夏季大約22點、冬季20點之後前往。

★可改日前往的時間　星期　二 三 四 五 日

itinéraire 12

造訪市集和聖馬丁運河，見識巴黎最樸實的面貌

10-a 巴士底（P130）

地鐵⑧Ledru-Rollin下車

9:30 體驗巴黎的早市

在地人經常光顧的阿里格市集（P170）販售著新鮮蔬果、骨董和生活用品，注意扒手。

↓ 走路約1分鐘

11:00 逛逛創意小店&午餐

先一覽Nadja Carlotti（P132）、Les Fleurs（P130）、Des Petits Hauts（P133）的新鮮貨，午餐到Le Bar à Soupes（P132）享用濃郁的蔬菜濃湯。

↓ 搭地鐵約8分鐘／⑤Bastille～Jacques Bonsergent

9-a 聖馬丁運河／共和廣場（P126）

14:30 沿著運河散步&逛街購物

從Medicine Douce（P129）逛到馬賽街的Outlet（P126），再到Pop Market（P128）選購巴黎風紀念品。

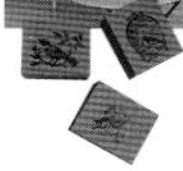

↓ 走路約0分鐘

16:30 休息

走進La Chambre aux Oiseaux（P127）品嚐滴濾咖啡和手工甜點。冬天營業至18：00。

★可改日前往的時間　星期　三 四 五

星期天 dimanche

逛逛跳蚤市場或市集；到公園享受悠閒時光

星期天的地鐵班次不多，不建議安排凡爾賽宮之類的遠征計劃，不如待在市區好好欣賞巴黎吧。但許多店家都沒有營業，而且每個月的第一個星期天，羅浮宮、奧賽、橘園等知名美術館均能免費入場，參觀美術館的人潮勢必會大幅度增加。因此逛逛跳蚤市場或市集會是不錯的選擇。還是有些地區的店家照常營業，例如瑪黑、香榭麗舍大道、聖路易島等。

觀光景點

開館

- 奧賽美術館（P33）
- 德拉克洛瓦美術館（P33）
- 橘園美術館（P52）
- Pinacothèque美術館（P52）
- 加尼葉歌劇院（P53）
- 羅浮宮（P53）
- 歐洲攝影博物館（P75）
- 浪漫生活博物館（P82）
- 古斯塔夫·莫羅美術館（P91）
- 凱旋門（P98）
- 小皇宮（P98）
- 艾菲爾鐵塔（P106）
- 榮軍院（P106）
- 羅丹美術館（P106）
- 龐畢度中心（P114）
- 克紐尼中世紀博物館（P134）

休館

- 樂蓬馬歇百貨（P33）
- 春天百貨（P56）
- 拉法葉百貨（P64）

市集&跳蚤市場

- 聖日爾曼市集（8：00～20：00／P35）
- 哈斯拜的有機市集（9：00～15：00／P140）
- 紅孩兒市集（8：30～14：00／P67,139）
- 郵票市場（9：00～19：00／P99）
- 聖厄斯塔許市集（7：00～15：00／P115）
- 西堤島的花市（8：00～19：30／P122）
- 西堤島的鳥市（8：00～19：00／P122）
- 巴士底市集（7:00-15:00／P130）
- 阿里格市集（7：30～13：30／P140）
- 蒙日市場（7：00～15：00／P134）
- 克利尼昂古跳蚤市場（7：00～19：30／P31）
- 梵維斯跳蚤市場（7：00～14：00／P138）

建議造訪地區

- 聖日爾曼德佩1-b,1-c（P33）
- 瑪黑區 3-a,3-b（P66）
- 西堤島／聖路易島8-a（P122）
- 克利尼昂古跳蚤市場（P31）
- 梵維斯跳蚤市場（P138）

itinéraire 13

逛跳蚤市場和市集＆公園漫步到聖日爾曼德佩挑選紀念品

梵維斯跳蚤市場（P138）

地鐵⑬Porte de Vanves下車

8:30 帶著挖寶的心情逛逛舊貨攤

在這裡能找到鑰匙圈、歐蕾碗、復古的鈕扣或古典的胸針等充滿巴黎回憶的紀念品。

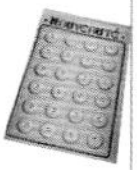

↓ 搭地鐵約15分鐘／⑬Porte de Vanves～St-François Xavier

1-b 聖日爾曼德佩（P42）

11:00 喝杯咖啡吧

在Coutume Café（P42）點杯好喝的拿鐵，休息一下。

↓ 走路約12分鐘

12:30 逛市集

在哈斯拜有機市集（P140）購買鹹可麗餅、鹹派、現打果汁、優格和丹麥麵包。

↓ 走路約10分鐘

1-a 聖日爾曼德佩（P36）

14:00 午餐＆散步

帶著在市集買的熟食，漫步在綠意盎然的盧森堡公園（P32），最後從元老院旁的Rue Vaugirard出口離開。

↓ 走路約10分鐘

1-c 聖日爾曼德佩（P48）

16:00 挑選美味＆好看的紀念品

在Larnicol（P50）和Henri le Roux（P49）買甜點，再到Galerie Salon（P48）購買Astier的小物。

★可改日前往的時間　無

itinéraire 14

參觀巴黎聖母院＆從聖路易島散步到瑪黑的茶館

8-a 西堤島／聖路易島（P122）

地鐵④Cité下車

9:30 觀光

參觀巴黎聖母院和聖禮拜堂（皆在P122），讓心靈接受藝術的洗禮。

↓ 走路約5分鐘

12:00 漫步聖路易島＆挑選伴手禮

逛過Pylones（P124）、及Première Pression Provence（P123）和78isl（P124）之後，到C' est Mon Plaisir（P125）用餐。

↓ 走路約6分鐘

3-a 瑪黑（P70）

15:00 觀光＆購物

參觀歐洲攝影博物館（P75）後去古董店Au Petit Bonheur la Chance（P74）挑選紀念品。到Meert（P70）買包格子鬆餅。

↓ 走路約6分鐘

3-b 瑪黑（P76）

17:00 體驗北瑪黑的美食＆時尚

選購Popelini（P76）的迷你泡芙；吃吃看Poilâne（P78）的麵包或餅乾。逛過oniseur Paris及AB33（P80）之後，到Jacques Genin（P67）悠閒喝杯茶。

★可改日前往的時間　星期 四 五 六

將巴黎一網打盡的三日行程

有些人要休假很不容易，連請假一個星期也有困難，只能勉強湊出五天三夜。如果你也只能進行來去匆匆的快閃遊，可以參考本書精心設計的3日行程；不但讓你遊遍主要的觀光景點，也有時間購物。

jour 01 搭乘地鐵12號線遊覽巴黎；搭乘塞納河遊船飽覽動人的夜景

地鐵／RER C線Musée d'Orsay或地鐵⑫Solférino下車

9:30 參觀奧賽美術館（P33）

↓

12:00 在Cinq Mars（P44）吃午餐

↓ 搭地鐵約13分鐘／⑫Solférino～Abbesses

14:00 在聖心堂（P83）、阿貝斯和聖喬治（P84）一帶逛街

↓ 搭地鐵約5分鐘／St-Georges～St-Lazare

16:00 參觀加尼葉歌劇院（P53）或在聖拉薩車站（P60）、春天百貨（P56）、拉法葉百貨公司（P64）挑選伴手禮

↓ 搭地鐵約8分鐘／⑨Havre Caumartin～Alma Marceau

19:30~22:00 搭乘蒼蠅船飽覽巴黎的夜景

★建議成行的日子 二 三 四 五 六 日
（商店和百貨公司星期天都公休）

jour 02 羅浮宮、凱旋門、艾菲爾鐵塔！巴黎三大地標巡禮

地鐵①Palais Royal-Musée du Louvre下車

9:00 參觀羅浮宮（P53）

↓

12:30 在羅浮宮地下購物廣場Carrousel du Louvre（P63）吃午餐&購物

↓

15:00 造訪杜麗樂花園（P53）

↓ 搭地鐵約6分鐘／①Concorde～Charles Gaulle-Étoile

15:30 到凱旋門（P98）和香榭麗舍大道拍照留念&尋找伴手禮

↓ 搭地鐵約5分鐘／⑨Franklin D.Roosevelt～Trocadéro

18:00 艾菲爾鐵塔（P106）

★建議成行的日子 一 二 三 四 五 六 日

jour 03 一睹莫內的「睡蓮」和美麗的彩色玻璃，體會十足的巴黎風情

地鐵／①Concorde下車

9:00 造訪橘園美術館（P52）欣賞「睡蓮」

↓ 地鐵／①Concorde～④Châtelet～Cité

11:00 參觀巴黎聖母院和聖禮拜堂（P122）

↓ 走路約3分鐘

13:00 在聖路易島吃午餐&購買伴手禮&在貝蒂詠（P122）吃冰淇淋

↓ 走路約8分鐘

16:00 造訪瑪黑區3-a,b（P66）

或者

↓ 搭地鐵／④Cité～St-Sulpice

16:00 聖日爾曼德佩1-a,b,c（P32）

★建議成行的日子 一 三 四 五 六 日
（貝蒂詠冰淇淋店星期一和二公休）

Chapitre 2

Paris par quartier

第2章

巴黎分區介紹

即使巴黎的市區迷你到可以整個放進東京山手線裡，其豐富的面貌還是足以讓人嘆為觀止。本章將巴黎分為各有千秋的11個區域，並收錄了實際走訪後，為大家精挑細選出來的觀光景點。如果你能從中發現「這個地方讓我覺得好放鬆」，表示你已經有幾分融入在地人的生活了。

巴黎全圖與地區的特徵

在巴黎旅行時，如何把時間運用到極致，關鍵在於事先掌握每一個地區的特色和位置關係。本書將遊客必訪之處，分為11個區域，並標出象徵每一個區域的名勝古蹟或地點名稱。如果能先有大致的概念，了解塞納河以北為右岸（Rive Droite），以南為左岸（Rive Gauche）會更清楚。

Montmartre
蒙馬特（P82）

白堊建築的聖心堂以及蒙馬特山丘鳥瞰的巴黎風光都很值得造訪。保存著幾分老街風情的庶民風店家和咖啡廳，讓人有「真的來到了巴黎」的感受。

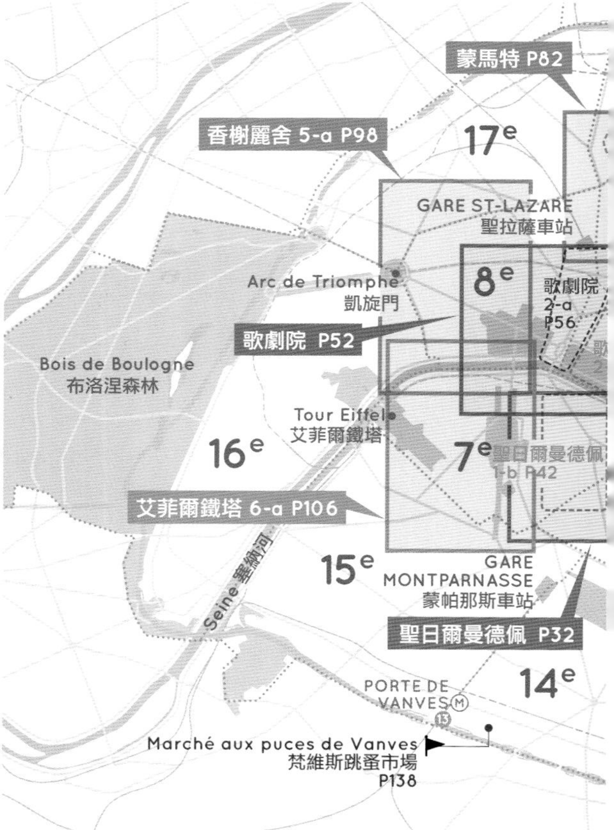

Champs Elysées
香榭麗舍（P98）

有「全世界最美麗的道路」之稱的香榭麗舍大道，以及聳立在大道前端的凱旋門，不論看幾次都很震撼。這一帶有不少店家開到很晚，甚至星期天也營業，是旅客的必訪之地。

Opéra
歌劇院（P52）

羅浮宮和歌劇院，還有兩大百貨公司都在這區，可說是全世界的遊客們必訪的觀光區。這裡還有「日本街」，有日式料理店、食材行旅行社和書店等。

Tour Eiffel
艾菲爾鐵塔（P106）

艾菲爾鐵塔是每個來到巴黎的遊客必訪的景點。既然難得造訪，建議順便逛逛美味店家和餐廳群聚的聖多米尼克路（Rue Saint Dominique）和充滿庶民風格的Rue Cler。

Saint Germain des Prés
聖日爾曼德佩（P32）

象徵左岸的時尚地區，洋溢著濃濃的法式風情，更是美食、時尚與藝術的匯集之處。塞納河一帶的店家，星期天營業的比例愈來愈高了，對觀光客來說很方便。

Canal Saint Martin / République

聖馬丁運河／共和廣場（P126）

有別於時髦的塞納河，緩緩流動的聖馬丁運河呈現出庶民般的氛圍。運河沿岸有不少時尚的店家、咖啡廳和Outlet，而且展店密度愈來愈高，是遊客不可錯過的景點之一。

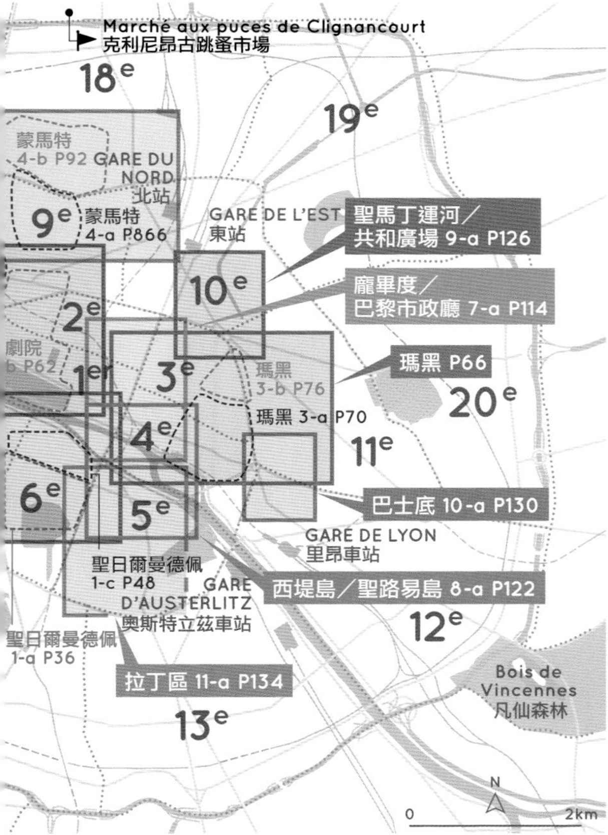

Quartier Latin

拉丁區（P134）

拉丁區匯集了索邦大學等眾多學府，有許多超值的便宜餐廳和旅館。最建議一訪的景點有克紐尼中世紀博物館、植物園、自然史博物館。

Centre Pompidou / Hôtel de Ville

龐畢度中心／巴黎市政廳（P114）

龐畢度中心和瑪黑區相鄰，特色是周邊有許多色彩繽紛的建築。Rue Montogueil和Rue Rambuteau這兩條路上集中了不少美味店家，算是隱藏版的美食景點。

Marais

瑪黑（P66）

除了年代久遠的貴族宅邸林立，瑪黑也是巴黎的猶太街及同性戀者的聚集地。另外，這裡也是新舊交融、獨具魅力的地區，擁有各種創意小店。概念店「merci」在巴黎享有領導地位。

Bastille

巴士底（P130）

雖然遊客對這區較不熟悉，不過這裡也有不少創意小店，可以找到不少法國風味十足的服飾或飾品；喜歡生活雜貨的人，絕對是建議必訪的一區。

Île de la Cité / Île Saint Louis

西堤島／聖路易島（P122）

這2個塞納河中的小島，有許多知名景點，包括巴黎聖母院、聖禮拜堂、巴黎古監獄、冰淇淋名店貝蒂詠等都不容錯過。聖路易島有許多店家每天營業。

Saint Germain des Prés

聖日爾曼德佩

感受左岸熠熠生輝的獨特魅力

聖日爾曼德佩一帶的咖啡館櫛次鱗比，曾是沙特和西蒙波娃等文人雅士的聚集地。雖然目前變成了購物的重點地區，大批的遊客喧囂不已，尚存幾分的文藝氣息還是讓人無比陶醉。

一週的日程表

一

休：奧賽美術館（P33）

二

營：哈斯拜市集（P34）／聖日爾曼市集（P35）　休：德拉克洛瓦美術館（P33）

三

營：聖日爾曼市集（P35）

四

營：奧賽美術館（～21：45／P33）／樂蓬馬歇百貨（～21：00／P33）／聖日爾曼市集（P35）

五

營：樂蓬馬歇百貨（～21：00／P33）／哈斯拜市集（P34）／聖日爾曼市集（P35）

六

營：聖日爾曼市集（P35）

日

營：聖日爾曼市集（P35）／1-c（P48）介紹的所有店鋪／哈斯拜有機市集（P140）
休：樂蓬馬歇百貨（P33）

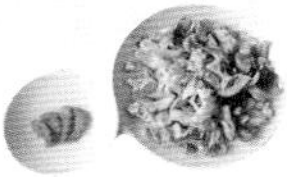

基本景點

1-a 聖日爾曼德佩南區（P36-41）

盧森堡公園

園內有美麗的雕像和噴水池，是巴黎人忙裡偷閒的好去處。

data：place Edmond Rostand、Place André Honnorat、rue Guynemer、rue de Vangirard共4處入口／RER B Luxembourg／3～10月 7：30～日落、11月～2月 8：15～日落／免費

聖許畢斯教堂

因為電影「達文西密碼」而聲名大噪。德拉克洛瓦的濕壁畫也不容錯過。

data：place Saint Sulpice 75006／Saint Sulpice④／每天7：30～19：30

Pierre Hermé

世界首屈一指的法國甜點大師。不論蛋糕或馬卡龍，其獨特的口味對味蕾都是一次又一次的驚喜。

data：72 rue Bonaparte 75006／Saint Sulpice④／日～三 10：00～19：00　四～五 10：00～19：30　六 10：00～20：00／無休

1-b 奧賽～塞爾夫．巴比倫（P42～47）

奧賽美術館

奧賽美術館的前身是火車站。館藏許多莫內、竇加、雷諾瓦等印象派畫作。

data：1 rue de la Légion d'Honneur 75007／Solférino⑫／二～日9：30～18：00（四－21：45）／（休）一,1/1, 5/1, 12/25/ 9€、（優待票）6.5€

樂蓬馬歇百貨

象徵左岸的超人氣百貨，也是全世界歷史最悠久的百貨。一定要逛匯集了世界各地美食的食品館。

data：24 rue de Sèvres 75007／Sèvres Babylone⑩⑫／一～六10：00～20：00（四五－21：00）、食品館 9：30～21：00／（休）日

巴克街

巧克力店、麵包店、服飾店、傢飾品店等各種店面應有盡有，大大的滿足逛街的樂趣。

data：rue de Bac／Rue du Bac⑫、Sèvres Babylone⑩⑫

1-c 聖日爾曼德佩北區（P48-50）

聖日爾曼德佩教堂

歷史悠久的教堂，據説最早起源於6世紀的修道院。雖然佔地不大，在拉丁區卻是宛如地標的存在。

data：3 place Saint Germain des Prés 75006／Saint Germain des Prés④／一～六 8：00～19：45、日 9：00～20：00

花神咖啡館

許多著名的知識份子和藝術家都曾是這裡的座上賓。至今仍保留著20世紀初的氛圍。

data：172 boulevard Saint Germain des Prés 75006／Saint Germain des Prés④／每天 7：00～26：00

德拉克洛瓦美術館

由浪漫派畫家德拉克洛瓦在此度過人生最後6年的公寓改建而成，可以一覽這位藝術家的作品。

data：6 rue de Furstenberg 75006／Saint Germain des Prés④／一、三～日 9：30～17：00／（休）二，1/1, 5/1, 12/25／ 5€

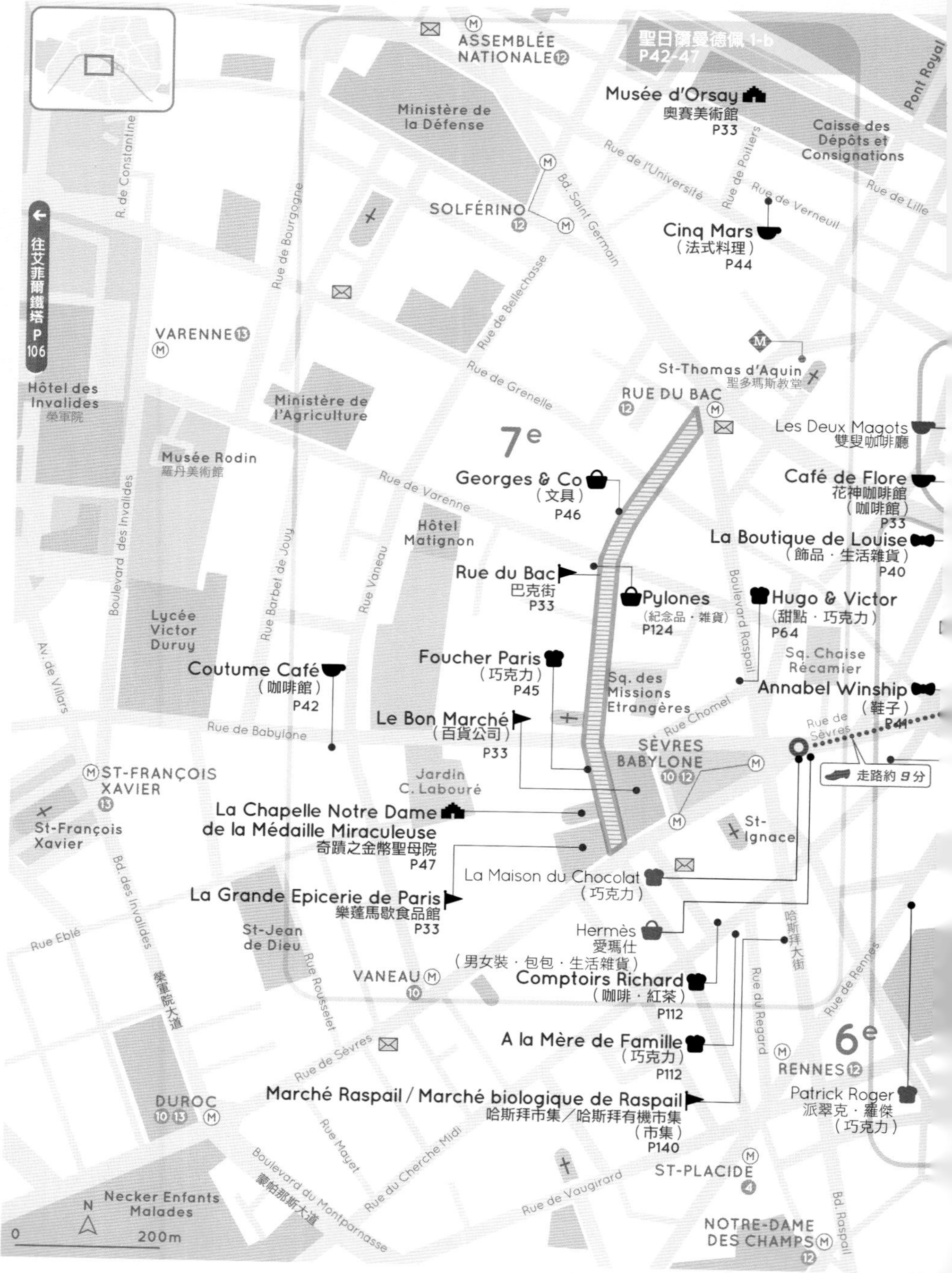

聖日爾曼德佩 1-b
P42-47
往文菲爾鐵塔 P106
ASSEMBLÉE NATIONALE 12
Ministère de la Défense
Musée d'Orsay
奧賽美術館
P33
Caisse des Dépôts et Consignations
Pont Royal
R. de Constantine
Rue de l'Université
Rue de Poitiers
Rue de Verneuil
Rue de Lille
SOLFÉRINO 12
Bd. Saint Germain
Cinq Mars
（法式料理）
P44
Rue de Bourgogne
Rue de Bellechasse
VARENNE 13
Hôtel des Invalides
榮軍院
Rue de Grenelle
St-Thomas d'Aquin
聖多瑪斯教堂
RUE DU BAC 12
Ministère de l'Agriculture
7e
Les Deux Magots
雙叟咖啡廳
Musée Rodin
羅丹美術館
Georges & Co
（文具）
P46
Café de Flore
花神咖啡館
（咖啡館）
P33
Rue de Varenne
Hôtel Matignon
La Boutique de Louise
（飾品・生活雜貨）
P40
Boulevard des Invalides
Rue Barbet de Jouy
Rue Vaneau
Rue du Bac
巴克街
P33
Pylones
（紀念品・雜貨）
P124
Boulevard Raspail
Hugo & Victor
（甜點・巧克力）
P64
Lycée Victor Duruy
Sq. Chaise Récamier
Av. de Villars
Coutume Café
（咖啡館）
P42
Foucher Paris
（巧克力）
P45
Sq. des Missions Etrangères
Annabel Winship
（鞋子）
P41
Rue de Babylone
Le Bon Marché
（百貨公司）
P33
Rue Chomel
Rue de Sèvres
SÈVRES BABYLONE 10 12
走路約 9 分
ST-FRANÇOIS XAVIER 13
Jardin C. Labouré
St-François Xavier
La Chapelle Notre Dame de la Médaille Miraculeuse
奇蹟之金幣聖母院
P47
St-Ignace
La Maison du Chocolat
（巧克力）
Bd. des Invalides
La Grande Epicerie de Paris
樂蓬馬歇食品館
P33
哈斯拜大街
Rue Eblé
St-Jean de Dieu
Hermès
愛瑪仕
（男女裝・包包・生活雜貨）
Rue de Rennes
榮軍院大道
Rue Rousselet
VANEAU 10
Comptoirs Richard
（咖啡・紅茶）
P112
Rue du Regard
6e
Rue de Sèvres
A la Mère de Famille
（巧克力）
P112
RENNES 12
DUROC 10 13
Marché Raspail / Marché biologique de Raspail
哈斯拜市集／哈斯拜有機市集
（市集）
P140
Patrick Roger
派翠克・羅傑
（巧克力）
Rue Mayet
Rue du Cherche Midi
ST-PLACIDE 4
Boulevard du Montparnasse
蒙帕那斯大道
Rue de Vaugirard
Bd. Raspail
Necker Enfants Malades
N
0
200m
NOTRE-DAME DES CHAMPS 12

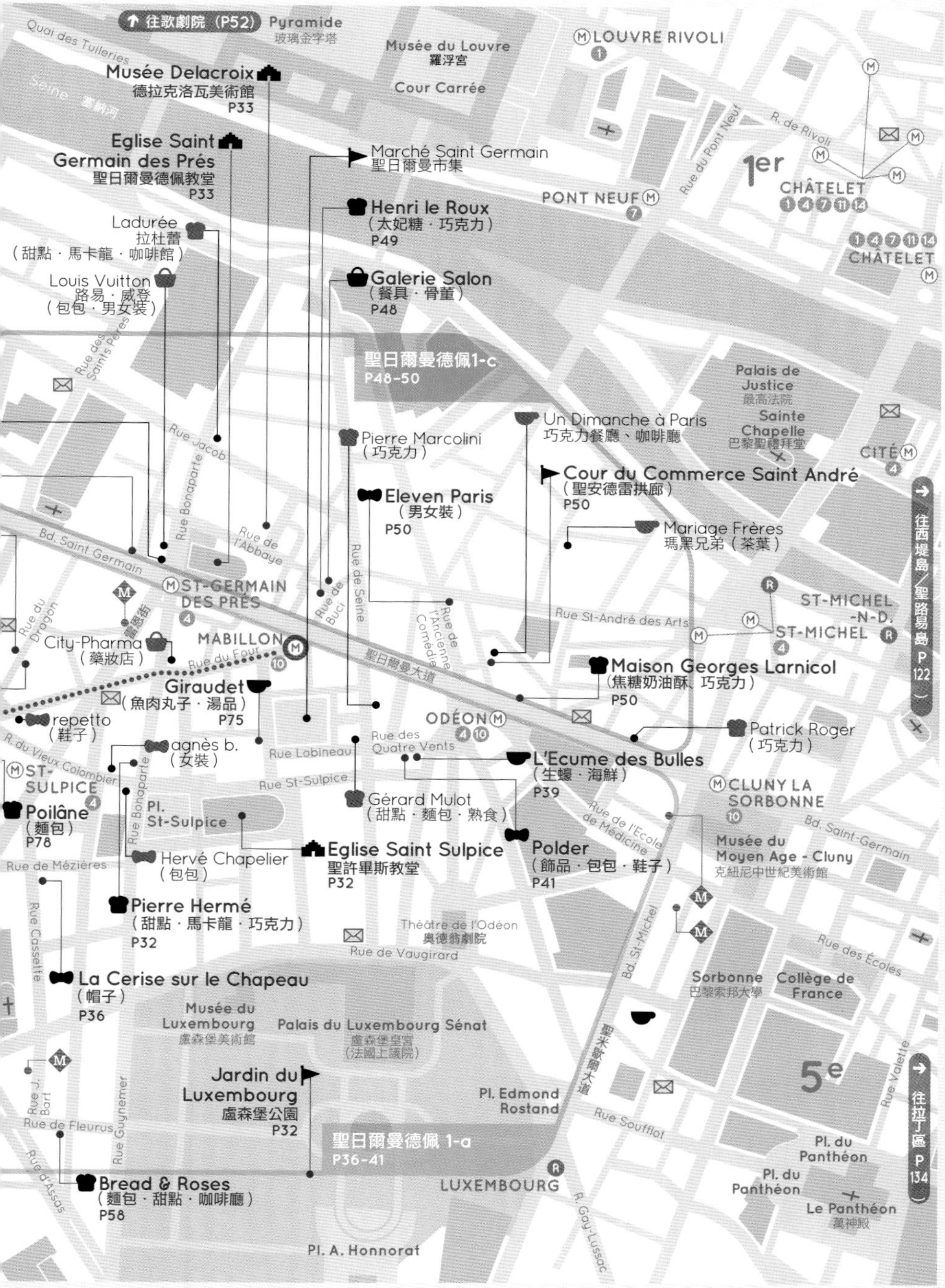
往歌劇院（P52）
Pyramide
玻璃金字塔
Quai des Tuileries
Seine 塞納河
Musée du Louvre
羅浮宮
Cour Carrée
LOUVRE RIVOLI
Musée Delacroix
德拉克洛瓦美術館
P33
Eglise Saint Germain des Prés
聖日爾曼德佩教堂
P33
Marché Saint Germain
聖日爾曼市集
PONT NEUF
Rue du Pont Neuf
R. de Rivoli
1er
CHÂTELET
Henri le Roux
（太妃糖・巧克力）
P49
Ladurée
拉杜蕾
（甜點・馬卡龍・咖啡館）
Louis Vuitton
路易・威登
（包包・男女裝）
Galerie Salon
（餐具・骨董）
P48
Rue des Saints Pères
聖日爾曼德佩1-c
P48-50
Palais de Justice
最高法院
Sainte Chapelle
巴黎聖禮拜堂
Un Dimanche à Paris
巧克力餐廳、咖啡廳
Pierre Marcolini
（巧克力）
Rue Jacob
CITÉ
Cour du Commerce Saint André
（聖安德雷拱廊）
P50
Eleven Paris
（男女裝）
P50
往西堤島／聖路易島 P122
Rue Bonaparte
Rue de l'Abbaye
Mariage Frères
瑪黑兄弟（茶葉）
Bd. Saint Germain
ST-GERMAIN DES PRÉS
Rue de Seine
Rue de Buci
Rue de l'Ancienne Comédie
ST-MICHEL -N-D.
ST-MICHEL
Rue St-André des Arts
Rue du Dragon
雷恩街
City-Pharma
（藥妝店）
MABILLON
Rue du Four
聖日爾曼大道
Maison Georges Larnicol
（焦糖奶油酥、巧克力）
P50
Giraudet
（魚肉丸子・湯品）
P75
repetto
（鞋子）
ODÉON
Patrick Roger
（巧克力）
R. du Vieux Colombier
agnès b.
（女裝）
Rue Lobineau
Rue des Quatre Vents
L'Ecume des Bulles
（生蠔・海鮮）
P39
ST-SULPICE
Rue St-Sulpice
CLUNY LA SORBONNE
Poilâne
（麵包）
P78
Pl. St-Sulpice
Gérard Mulot
（甜點・麵包・熟食）
Rue de l'Ecole de Médecine
Bd. Saint-Germain
Musée du Moyen Age - Cluny
克紐尼中世紀美術館
Hervé Chapelier
（包包）
Eglise Saint Sulpice
聖許畢斯教堂
P32
Polder
（飾品・包包・鞋子）
P41
Rue de Mézières
Pierre Hermé
（甜點・馬卡龍・巧克力）
P32
Théâtre de l'Odéon
奧德翁劇院
Rue de Vaugirard
Bd. St-Michel
Rue des Écoles
Rue Cassette
La Cerise sur le Chapeau
（帽子）
P36
Sorbonne
巴黎索邦大學
Collège de France
Musée du Luxembourg
盧森堡美術館
Palais du Luxembourg Sénat
盧森堡皇宮
（法國上議院）
聖米歇爾大道
Rue J. Bart
Rue Gyuemer
Jardin du Luxembourg
盧森堡公園
P32
Pl. Edmond Rostand
5e
Rue Valette
往拉丁區 P134
Rue de Fleurus
Rue Soufflot
聖日爾曼德佩 1-a
P36-41
Pl. du Panthéon
Rue d'Assas
Bread & Roses
（麵包・甜點・咖啡廳）
P58
LUXEMBOURG
R. Gay-Lussac
Le Panthéon
萬神殿
Pl. A. Honnorat

二 三 四 五 六 帽子

La Cerise sur le Chapeau

[la·s(ə)riz·syr·lə·ʃapo]

頭圍從55～61cm。冬天戴的貝蕾帽「Bibi」非常可愛喔。

享受用帽子
改變造型的樂趣！

data
地址：11 Rue Cassette 75006
電話：01 45 49 90 53
地鐵：Saint Sulpice④
營業日：二～六 11：00～19：00
公休日：日、一、8月有2個星期
刷卡：Visa,Master
http://lacerisesurlechapeau.com

Cerise女士曾經在2012年2月於東京和京都推出期間限定的實體店鋪。她很驚喜的發現，日本顧客對大膽的撞色組合，接受度居然比巴黎人還高。

一定能在這裡找到一頂滿意的帽子

Cerise女士的老本行是藝品拍賣。促成她毅然放棄事業，重新回到學校，從零開始學起如何製作帽子的理由很單純，因為巴黎人戴的帽子，顏色大多暗沉低調，她希望藉由色彩繽紛的帽子，讓巴黎的街頭增添更多顏色。於是，擁有可愛店名的帽子專賣店「帽子上的櫻桃」在2007年開幕了。帽子的製作概念屬於半客制化；首先，顧客可以從6種款式中挑出一款喜歡的造型，再選擇顏色。冬天的氈帽有40種顏色，夏季的草帽有20種顏色。最後一步是決定緞帶的顏色。如果剛好有庫存，只要1小時就能完成一頂帽子；即使是短暫停留的旅人也能夠放心訂購。最受歡迎的帽款是男女通用的「Trendy」（※左頁照片中，右邊牆壁掛的4頂）；雖然款式相同，但是只要改變配色，還是能營造出不同的感覺。從這點也不難想像為什麼從20幾歲的年輕女性，到90幾歲的老爺爺，都喜歡這裡的帽子。至於價格，氈帽是145～160€，草帽是95～115€。

一 二 三 四 五 六 日　鵝肝・燉飯

Au Bougnat

[o buɲa]

能讓你忘卻一整天疲勞的美食

座落在巴黎聖母院旁的安靜小巷中，Au Bougnat有著純樸法式鄉村的外型，店內氣氛溫馨，店主親切服務周到，用餐環境優雅非常適合在傍晚逛完聖母院後享用一頓豐盛的法式晚餐。

前菜推薦鵝肝和蝸牛，鵝肝帶著淡淡的酒香，搭配新鮮出爐的麵包和甜洋蔥醬，蝸牛則不同於一般法式的料理，是以濃濃的白醬燉煮，香氣十足。

主菜推薦「鮮蝦白醬燉飯」，這裡的米粒十分滑順，搭配特製白醬和香煎過的蝦非常美味。

甜點非常推薦「法國吐司」和「烤布蕾」，法國吐司除了在熱熱的甜麵包上鋪上一層自製的烤蘋果切塊，最上面還有一球香草冰淇淋，多層次的口感讓人一口接一口。烤布蕾是法國代表性的甜點之一，最上層酥脆的焦糖與口感綿密，可以看到一點一點香草籽的香草布丁，給你最大的滿足！

data

地址：26 rue Chanoinesse 75004
電話：01 43 54 50 74
地鐵：Cité ④
價位：套餐25-30€
營業時間：每天 8:00～22:00
公休日：無休
P.S 此店不在聖日爾曼德佩區，是在不遠處的西堤島上喔。

一 二 三 四 五 六 日　生蠔・海鮮

L'Ecume des Bulles

[lekym.de.byl]

法國產的美味生蠔

來自黎巴嫩的凱瑞姆，1985年來到巴黎，曾經在大學教授法律。喜歡烹飪的他，某次隨興地開了一家小餐館並大受好評，就此投身餐飲事業，開始大放異彩。2011年開幕的「L'Ecume des Bulles」，主打凱瑞姆的最愛－生蠔。點些生蠔和蝦子，再搭配一杯葡萄酒，就是一份簡便的午餐。周末提供的早午餐除了基本款的麵包、起士、果汁、熱飲、水果沙拉、甜點，當然少不了生蠔和蝦子。這種在巴黎少見的組合相當受歡迎。

海藻沙拉和壽司捲等選項非常豐富，讓熱愛海鮮的老饕無法抗拒。

data

地址：3-5 rue des Quatre Vents 75006
電話：01 43 26 00 22
地鐵：Odéon④⑩
營業日：每天12：00～14：30／19：30～23：00
公休日：無休
刷卡：Visa,Master,Amex
價位：生蠔6個＋蝦子6隻＋葡萄酒1杯23€、生蠔12個＋蝦子6隻＋葡萄酒1杯31€、海鮮拼盤＋甜點50€、早午餐36€

一 二 三 四 五 六 日 飾品·

La Boutique de Louise

[la.butik.də.lwiz]

集巴黎「可愛之大成」的小店

如果想挑選餽贈友人的禮物或巴黎的紀念品，到佛羅倫斯和亞莉安這對好友共同經營的「路易絲的店」，無疑是最佳選擇。店內充滿了精美可愛的飾品和小擺飾，還有各種琳瑯滿目的生活雜貨。露出樑柱的天花板和木製樓梯，讓人有種錯覺，以為自己闖進了某個名為路易絲的巴黎人的公寓。兩位經營者的進貨方針是以巴黎原創的商品為主，而且色彩繽紛，看起來活力十足。為了滿足大家不想荷包大失血，又能保有質感的送禮需求，聽說店內也會推出超值的精選商品。

精選巴黎原創飾品，每一件都超級可愛。

data

地址：32 rue du Dragon 75006
電話：01 45 49 07 92
地鐵：Saint Germain des Prés④、Saint Sulpice④
營業日：一 14：00～19：30、二～六 11：00～19：30
公休日：日、8月有3個星期
刷卡：Visa,Master,Amex
http://www.laboutiquedelouise.com

一 二 三 四 五 六 日 飾品．包包．鞋子

Polder

[pɔlde]

巴黎人的必備品牌

由瑪蒂容和納塔莉這對荷蘭姐妹聯手打造，已是人手一件的潮牌。樂福鞋、手提袋、項鍊等都是極為經典的招牌商品；剪裁設計簡單，穿起來有如魔法上身，時髦有型。霧面煙燻的色彩也極富辨識度，一看就知道「這是Polder的顏色」。

data

地址：13 rue des Quatre Vents 75006
電話：01 43 26 07 64
地鐵：Odéon④⑩
營業日：一 13：00～19：00、二～六 11：00～13：30／14：30～19：00
公休日：日、8月有3個星期
刷卡：Visa,Master,Amex

一 二 三 四 五 六 日 鞋子

Annabel Winship

[anabɛl.winʃip]

走濃濃的巴黎風的英國品牌鞋子

設計師Annabel是擁有250雙鞋子的「鞋癡」，出於對鞋子的熱愛，進而走上設計鞋子之路。擁有一半英國血統的她，鞋子融合了古典和前衛；最具辨識度的招牌圖案是英國國旗和星星；另外，好穿好走的低跟鞋和娃娃鞋也很受歡迎。

data

地址：29 rue du Dragon 75006
電話：01 71 37 60 46
地鐵：Saint Sulpice④
營業日：一 14：00～19：00、二～六 11：00～19：00
公休日：日、8月有3個星期
刷卡：Visa,Master,Amex
http://www.annabelwinship.com

二 三 四 五 六 日 咖啡館

Coutume Café

[kutym.kafe]

喝一杯巴黎的香醇咖啡！

巴黎的咖啡館多如繁星，卻有人敢斷言「沒喝過我們家咖啡的人，稱不上喝過好咖啡」。他就是「Coutume Café」經營者之一的安東尼先生。許多人一提到麵包或葡萄酒，對生產者或食材都非常講究，但為一餐畫下完美句點的咖啡，卻顯得漫不經心。為了讓法國人知道「何謂貨真價實的好咖啡」，他和湯姆合開了這間咖啡館。親自走訪巴拿馬等原產地，直接向業者採購，再以店內的烘焙機自家烘焙。沖法是法國少見的賽風壺和濾滴式。我們品嚐了添加優質鮮乳的拿鐵咖啡，非常滑順好喝。店家前身是間年代悠久的餐廳，裝潢皆是DIY，保留了充滿巴黎特色的牆壁和天花板，營造出開放感十足的空間，洋溢著放鬆、自在的氣氛。周末，店裡永遠被前來享用早午餐的在地人的談笑聲淹沒。

data

地址：47 rue de Babylone 75007
電話：01 45 51 50 47
地鐵：Saint François Xavier⑬、
Sèvres Babylone⑩⑫
營業日：二～五 8：00～19：00、六日 10：00～19：00（早午餐到16：00）
公休日：一、8月有3個星期
刷卡：Visa,Master
價位：濃縮咖啡 2€、濾滴式咖啡3.3€、卡布奇諾4.5€、早餐（迷你早午餐）7€～、午餐2道菜＋熱飲13€
http://www.coutumecafe.com

店內的員工也是咖啡達人

如果喝不慣一般又苦又稀的濃縮咖啡，絕對要來試試這裡的咖啡。

他們的咖啡豆也提供給巴黎的高級飯店或餐廳，而且還會附上安東尼先生的教學：如何正確沖泡咖啡。對於如何泡出好咖啡的堅持，果真非同小可！

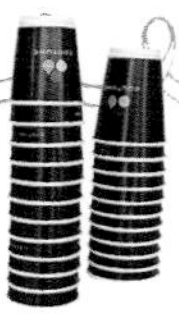

一 二 三 四 五 六　法式料理

Cinq Mars

[sɛ̃k.mars]

巴黎時髦小酒館的先驅

巴黎這幾年很流行使用磨石子地板、木桌、陳舊的燈罩和鏡子、撥盤式電話等老東西，營造出充滿復古風情的小餐館情調。2004年開張的Cinq Mars，正屬於此類時髦小酒館的先驅。主廚選用當季的新鮮食材；烹調的方式簡單，沒有繁瑣的步驟，能品嚐出最原始的美味。黑板上寫得密密麻麻的酒單，有不少都是有機葡萄酒，算是跟上目前的風潮。只要造訪過一次，一定會很羨慕巴黎人，可以隨時光顧這麼棒的餐館。

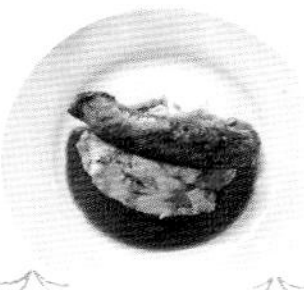

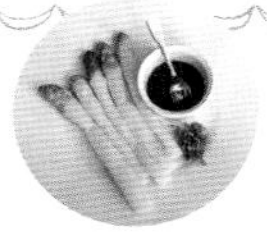

醃漬蔬菜、香腸和馬鈴薯泥、
白蘆筍、新鮮草莓和野莓…。
簡單就是美味的王道！

data

地址：51 rue de Verneuil 75007
電話：01 45 44 69 13
地鐵：Solférino⑫、Rue du Bac⑫
營業日：一～六 12：00～14：30／20：00～23：00
公休日：日、8月中旬有2個星期
刷卡：Visa,Master
價位：平日中午2道菜18€、3道菜22.50€、晚餐只有單點（前菜8€～、主菜17€～、甜點8€～）
http://cinq-mars-restaurant.com

年底送禮首選。每年換新的外盒圖案也讓人充滿期待。

一 二 三 四 五 六 　 巧克力

Foucher Paris

[fuʃe.pari]

小小一盒的巧克力，道盡法國的歷史

1819年創業於巴克街，享有高人氣的「Foucher」，是巴黎左岸代表性的甜點老店。家族代代傳承經營，至今已將近2個世紀。身為第七代傳人的老闆，仍堅持著對甜點製作的熱情與傳統。不論是巧克力、貓舌頭小薄餅、水果軟糖，嚐起來都是細膩高雅，又保有傳統的口味。此外，就連小小的甜點盒，也充分展現出這間甜點店悠久的歷史。由知名畫家繪製的精美外盒，帶有濃濃的裝飾藝術風格，畫的主題包括當年舉辦的巴黎萬國博覽會。店內後方設有茶館區，有時間的話，不妨坐下來小憩片刻，跟著一起懷舊巴黎吧。

店內掛著創業者的照片。據說創業當時，工廠同在巴克街。

data

地址：134 rue de Bac 75007
電話：01 45 44 05 57
地鐵：Sèvres Babylone⑩⑫
營業日：一～四 10：30～19：00
　　　　五、六 10：30～20：00
公休日：日
刷卡：Visa,Master
價位：濃縮咖啡 2.6€、紅茶5.5€、蛋糕4.6€～
http://www.chocolat-foucher.com

一 二 三 四 五 六 日 文具

Georges & Co

[ʒɔrʒ.e.ko]

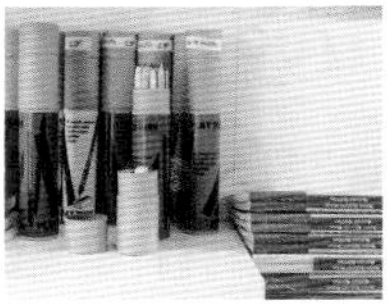

讓人忍不住想提起筆，振筆疾書的文具店

在法國，電子郵件和行動電話早已取代傳統的書寫郵件，成為最普遍的通訊方式，需要提筆寫字的機會變得少之又少。對此深感惋惜的德爾芬女士，透過這間概念店，以具體的方式表達她對「書寫」以及「美麗的紙張文化」的熱情。光是鋼筆或滾珠筆用的墨水，30種一字排開，筆類、信紙組、筆記本、卡片、萬用手冊、鉛筆盒等品項更是豐富、品味絕佳。店內的陳設完全打破對一般文具行既有的印象；不時有新品上架，展現對文具的用心，非常令人佩服。

2樓設有小朋友塗鴉專區，讓孩子有機會接觸鉛筆等各種筆類。另設有藝術品展示區。

data

地址：90 rue de Bac 75007
電話：09 81 32 33 74
地鐵：Rue du Bac⑫
營業日：一 13：30～19：00、
二～六10：30～19：00
公休日：日（12月有營業）、
8月上旬有2個星期
刷卡：Visa,Master
http://www.georgesandco.com

一 二 三 四 五 六 日 教會

La Chapelle Notre Dame de la Médaille Miraculeuse

[la.ʃapɛl.nɔtr.dam.də.la.medaj.mirakyløz]

召來奇蹟的聖母瑪利亞聖牌

從世界各地前來造訪奇蹟之金幣聖母院的人潮絡繹不絕。在陽光的照耀下，顯得美麗非凡的聖母院，是慈善姐妹會的總部，落成於1815～1830年。讓聖母院揚名立萬的「奇蹟金幣」，始於奉神諭的修女加大利納。據説，親眼目睹聖母瑪利亞顯靈的她，遵照聖母的指示，抱著虔敬的心打造金幣（聖牌）。1932年，為了消弭奪走2萬人性命的霍亂，修女們趕忙製作2000個聖牌，廣為發送。疫情馬上得到控制，民眾也因此將聖牌視為召來奇蹟的金幣，加以崇拜。聖牌的正面是瑪利亞像，背面是十字架和M字母，還有12顆星星圍繞2個心臟。

聖母院的隔壁設有奇蹟金幣聖牌的販賣部，陳列著金色、銀色、藍色等各種顏色的聖牌。

data

- 地址：40 rue de Bac 75007
- 地鐵：Sèvres Babylone⑩⑫
- 開館日：每天 7：45～13：00／14：30～19：00（星期二沒有午休）
- http://chapellenotredamedelamedaillemiraculeuse.com

Galerie Salon

[galri.salɔ̃]

左岸一購買Astier的所在地

佇立在靜僻小巷，由卡洛和史蒂芬夫婦倆人共同打理的骨董店「Galerie Salon」，遠離塵囂喧鬧，很難想像這裡距離人潮熙嚷的聖日爾曼大道僅有數步之遙。精心蒐集而來的每一件商品都是品味高雅的佳作，與日常的家居擺設搭配得天衣無縫。店內另一項吸睛的焦點是高至天花板、佔滿整片牆的Astier de Villatte餐具。本店是左岸購買Astier的餐具的唯一據點。除了大型餐盤，店家也考量到收納不便或旅人不易攜帶的問題，進了不少體積輕巧、容易攜帶的小器皿，可以當作杯子或置物盒使用。另有筆記本、香氛蠟燭、薰香等，幾乎將Astier全系列商品一網打盡。

灰白交織，不整齊的手作美感。光是置身於這些散發著獨特魅力的餐具之中，就有被幸福包圍的感覺。如果看到價格合理的小東西，不妨買下來當作巴黎之旅的紀念品。

data

地址：4 rue de Bourbon le Château 75006
電話：06 33 85 98 99
地鐵：Mabillon⑩、Saint Germain des Prés④
營業日：每天 12：00～19：00
公休日：無休（除了1/1、12/25）
刷卡：Visa,Master
http://www.galeriesalon.com

一 二 三 四 五 六 日 優格霜淇淋

it mylk

[it.milk]

不必擔心熱量問題，開懷大啖

巴黎少見的優格霜淇淋專賣店。使用低熱量無脂鮮乳。有草莓、奇異果、鳳梨等鮮果口味，可以任選淋醬或小紅莓、布朗尼等配料，搭配出豐富好滋味。推薦和「Kusmi」合作推出的排毒優格。

＊原址已倒，此處介紹的是位於歌劇院區，拉法葉百貨六樓的分店。

data

地址： 40 boulevard Haussmann 75008
電話：09 69 39 75 75
地鐵：Chaussée d'Antin La Fayette⑦⑨
營業日：一～六 9：30～20：00（四-21點）
公休日：日　　信用卡：Visa
價位：杯裝小3.5€～、杯裝大4.5€～
http://www.itmylk.fr
p.s.位於聖日爾曼德佩區「Amorino」的花瓣冰淇淋享有巴黎最好吃冰品的美譽，也值得一訪。

一 二 三 四 五 六 日 太妃糖・巧克力

Henri le Roux

[ɑ̃ri.lə.ru]

那間有名的店在巴黎開幕了

備受喜愛的Henri le Roux已經進軍巴黎，分別於巴黎左岸與蒙馬特地區展店。除了熱門的鹽味奶油焦糖「C.B.S.」、橘子薑汁、蕎麥粉等充滿特色的口味，手工精心製作的巧克力和柚子抹茶口味的巧克力片也相當誘人，送禮自用兩相宜。

data

地址：1 rue de Bourbon le Château 75006
電話：01 43 26 00 22
地鐵：Mabillon⑩、Saint Germain des Prés④
營業日：一 11：00～19：00、二～六 11：00～20：00、
　　　　日 11：00～18：00
公休日：8月有3個星期　刷卡：Visa,Master（15€～）
http://www.henri-leroux.com

其他推薦好店

一 二 三 四 五 六 日　拱廊街

Cour du Commerce Saint André

聖安德雷拱廊街

走在拱廊小小的石板路上，感受巴黎古色古香的一面。巴黎最古老的餐廳「Procope」、星期天也有營業的茶館、法國產橄欖油專賣店等各色吸引力十足的店，是一條鮮為人知的散步小徑。如果來到附近，建議一定要來逛逛。

地址：Cour du Commerce Saint André 75006
地鐵：Odéon④⑩

一 二 三 四 五 六 日　女裝．男裝

Eleven Paris

讓誕生於2005年的巴黎品牌一夜成名的是Life is a Joke系列，印著卡爾．拉格斐、凱特．摩絲等時尚名流被畫上鬍子的黑白肖像T恤（39€）和坦克背心（35€），很受巴黎人歡迎。

地址：1 rue de l'Ancienne Comédie 75006
電話：01 43 29 57 45
地鐵：Odéon④⑩
營業日：每天 10：30～19：30
公休日：無休（除1/1）

一 二 三 四 五 六 日

Maison Georges Larnicol

喬治．拉尼科之家　焦糖奶油酥、巧克力

來法國必吃的人氣甜點店。除了招牌的巧克力和太妃糖，還有不可錯過小巧玲瓏、口味眾多的焦糖奶油酥（Kouignette）。這是一種加了大量的砂糖和牛奶的布列塔尼點心。幾乎全年無休，而且營業時間很長，對旅人而言很方便。

地址：132 boulevard Saint Germain 75006
地鐵：Odéon④⑩
營業日：每天 9：00～22：30
（五-23：30、六-24：00）
公休日：無休（除12/25、1/1）

聖日爾曼德佩的精選好物

可作墜飾的聖牌。銀色1.15€、金色1.25€（奇蹟之金幣聖母院　P47）

Astier的香氛蠟燭要價57€，搪瓷的色澤非常美麗。（Galerie Salon　P48）

Bordier的奶油都是在布列塔尼手工製造。無鹽125g 2.85€（樂蓬馬歇百貨　P33）

印著名模凱特摩斯肖像的棉質環保袋，是Life is a Joke的新款。19€（Eleven Paris P50）

圖案充滿裝飾藝術風格的外盒裡，裝的是榛果口味和咖啡口味的巧克力片。6€（Foucher P45）

iPhone專用以花、鳥和圓點圖案為主題的智慧手機殼。19€（Georages& Co P46）

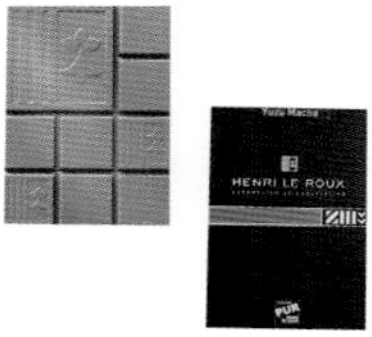

Roux的巧克力片做得精緻小巧，很適合當禮物。推薦柚子抹茶口味。4€（Henri le Roux　P49）

造型優雅又帶有幾分復古味的Memo板。5.9€（Georages& Co P46）

添加大量的奶油製成，吃起來滿足感十足。可以存放10天。100g是2.5€（喬治・拉尼之家　P50）

Opéra
歌劇院

兼具優雅與便捷的巴黎中心

本區是許多知名景點的所在地，加尼葉歌劇院、杜麗樂花園、協和廣場、橘園美術館、羅浮宮等，除此之外，坐擁巴黎的兩大百貨龍頭和名牌店林立的聖歐諾黑路、和平路（La Paix），也位於此區。在這裡可以見識巴黎最光鮮亮麗的一面。順道一提，交通方便之外，聖安妮路（St Anne）周邊有一整排的日式餐廳，聚集了很多日本人。

基本景點

2-a 瑪德蓮＆聖拉薩車站一帶（P56～61）

瑪德蓮教堂

完成於1842年的希臘神殿式教堂，造型富麗堂皇。最具代表性的特徵是52根圓柱。

data：place de la Madeleine 75008／Madeleine⑧⑫⑭／每天 9：30～19：00

橘園美術館

日光襯托下，美得讓人屏氣凝神的莫內傑作「睡蓮」。

data：Jardin des Tuileries 75001／Concorde①⑧⑫／三～一 9：00～18：00／（休）二,5/1,7/14上午,12/25／7.5€、（優待票）5€

協和廣場

從聳立著來自埃及的方尖碑的廣場看去艾菲爾鐵塔的景緻非常迷人。

data：place de la Concorde 75008／Concorde①⑧⑫

Pinacothèque美術館

2007年開館。館內以主題來分類，展出的內容頗受好評。

data:8 rue Vignon 75008／Madeleine⑧⑫⑭／每天 10：30～18：30（三五-21：00、1/1,5/1,7/14,12/25從14:00～）／10€、（優待票）8€

一週日程表

一

營：瑪德蓮廣場花市（P54）
休：朱杜波姆國家美術館（P55）、裝飾藝術美術館（P55）

二

營：瑪德蓮廣場花市（P54）、朱杜波姆國家美術館（～21：00／P55）
休：橘園美術館（P52）、羅浮宮（P53）

三

營：羅浮宮（～21：45／P53）、裝飾藝術美術館（～21：00／P55）、瑪德蓮廣場花市（P54）、聖歐諾黑市場（P55）

四

營：春天百貨（～22：00／P56）、拉法葉百貨（～21：00／P64）、瑪德蓮廣場花市（P54）

五

營：Pinacothèque美術館（～21：00／P52）、羅浮宮（～21：45／P53）、瑪德蓮廣場花市（P54）

六

百貨公司的人會很多，改天再去吧。
營：瑪德蓮廣場花市（P54）、聖歐諾黑市場（P55）

日

營：日本街的多數餐廳
休：春天百貨（P56）、拉法葉百貨（P64）

2-b 歌劇院＆羅浮宮一帶（P62～64）

加尼葉歌劇院

就算對歌劇或芭蕾舞不感興趣，雄偉壯麗的建築和夏卡爾的天花板壁畫仍然值得一看。

data：place de l'Opéra 75009／Opéra③⑦⑧／每天10：00～17：00（日場是-13：00）／（休）1/1,5/1,特別公演日／9€、（優待票）6€

羅浮宮

玻璃金字塔是最顯眼的地標。法國最具代表性、收藏全世界藝術珍品的博物館。

data：Musée du Louvre 75001／Palais Royal Musée du Louvre①⑦／三～一 9：00～18：00（三、五-21：45）／（休）二, 1/1, 5/1, 12/25／10€

杜麗樂花園

位於羅浮宮和協和廣場之間，佔地遼闊的公園。夏天設有臨時遊樂園，冬天有大型摩天輪。

data：Jardin des Tuileries 75001／Tuileries①／4-5月 7：00～21：00、6-8月 7：00～23：00、9-3月 7：30～19：30

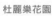

巴黎皇家宮殿

供人遊憩與欣賞現代藝術的庭園。迴廊下有一整排精品店和咖啡廳。

data：Palais Royal 75002／Palais Royal Musée du Louvre①⑦／庭園4-5月 7～22：15 、6-8月 7：00～23：00、9月 7～21：30、10-3月7：30～20：30、迴廊24小時開放

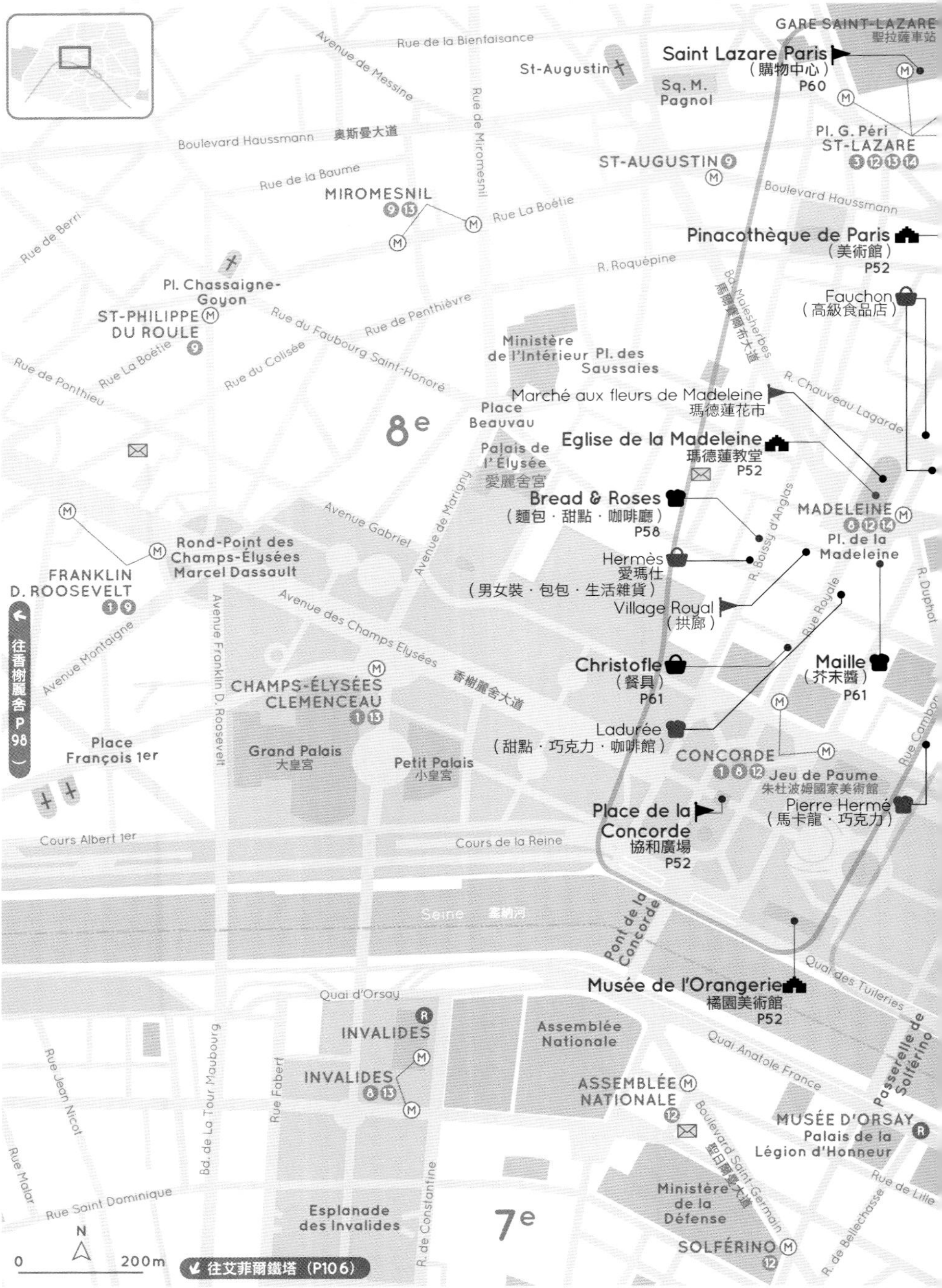

GARE SAINT-LAZARE
聖拉薩車站
Saint Lazare Paris
（購物中心）
P60
Rue de la Bienfaisance
Avenue de Messine
St-Augustin
Sq. M. Pagnol
Rue de Miromesnil
Pl. G. Péri
ST-LAZARE
3 12 13 14
Boulevard Haussmann
奧斯曼大道
ST-AUGUSTIN 9
Rue de la Baume
MIROMESNIL
9 13
Rue La Boétie
Boulevard Haussmann
Rue de Berri
Pinacothèque de Paris
（美術館）
P52
R. Roquépine
Pl. Chassaigne-Goyon
ST-PHILIPPE DU ROULE
9
Rue du Faubourg Saint-Honoré
Rue de Penthièvre
Fauchon
（高級食品店）
Bd. Malesherbes
馬勒塞爾布大道
Rue La Boétie
Rue du Colisée
Ministère de l'Intérieur
Pl. des Saussaies
Rue de Ponthieu
R. Chauveau Lagarde
Marché aux fleurs de Madeleine
瑪德蓮花市
Place Beauvau
8e
Eglise de la Madeleine
瑪德蓮教堂
P52
Palais de l'Élysée
愛麗舍宮
Bread & Roses
（麵包・甜點・咖啡廳）
P58
Avenue Gabriel
Avenue de Marigny
MADELEINE
8 12 14
Pl. de la Madeleine
Hermès
愛瑪仕
（男女裝・包包・生活雜貨）
R. Boissy d'Anglas
Rond-Point des Champs-Élysées Marcel Dassault
FRANKLIN D. ROOSEVELT
1 9
R. Duphot
Village Royal
（拱廊）
Rue Royale
Avenue des Champs Elysées
香榭麗舍大道
Avenue Montaigne
往香榭麗舍 P98
Christofle
（餐具）
P61
Maille
（芥末醬）
P61
Avenue Franklin D. Roosevelt
CHAMPS-ÉLYSÉES CLEMENCEAU
1 13
Ladurée
（甜點・巧克力・咖啡館）
Rue Cambon
Grand Palais
大皇宮
Petit Palais
小皇宮
Place François 1er
CONCORDE
1 8 12
Jeu de Paume
朱杜波姆國家美術館
Pierre Hermé
（馬卡龍・巧克力）
Place de la Concorde
協和廣場
P52
Cours Albert 1er
Cours de la Reine
Seine 塞納河
Pont de la Concorde
Quai des Tuileries
Musée de l'Orangerie
橘園美術館
P52
Quai d'Orsay
INVALIDES
Assemblée Nationale
Passerelle de Solférino
Quai Anatole France
INVALIDES
8 13
Rue Jean Nicot
Bd. de La Tour Maubourg
Rue Fabert
ASSEMBLÉE NATIONALE
12
MUSÉE D'ORSAY
Palais de la Légion d'Honneur
Boulevard Saint-Germain
聖日爾曼大道
Rue Malar
Rue de Lille
Ministère de la Défense
Rue Saint Dominique
Esplanade des Invalides
R. de Constantine
7e
R. de Bellechasse
SOLFÉRINO
12
N
0 200m
往艾菲爾鐵塔（P106）

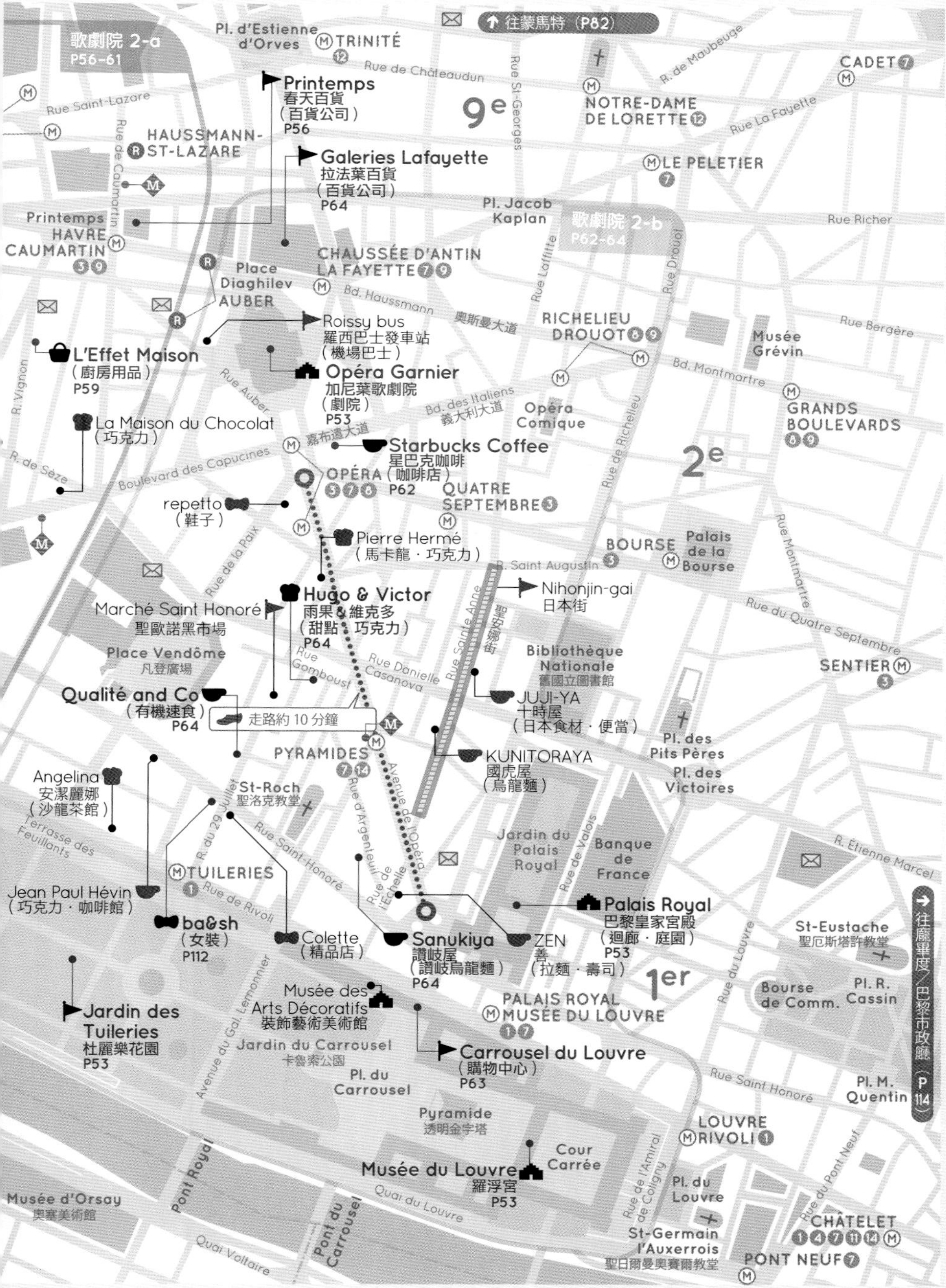
往蒙馬特（P82）
歌劇院 2-a
P56-61
歌劇院 2-b
P62-64
Pl. d'Estienne d'Orves
TRINITÉ
Rue de Châteaudun
Printemps
春天百貨
（百貨公司）
P56
9e
Rue St-Georges
R. de Maubeuge
NOTRE-DAME DE LORETTE
CADET
Rue La Fayette
Rue Saint-Lazare
HAUSSMANN-ST-LAZARE
Rue de Caumartin
Galeries Lafayette
拉法葉百貨
（百貨公司）
P64
LE PELETIER
Pl. Jacob Kaplan
Rue Richer
Printemps
HAVRE CAUMARTIN
CHAUSSÉE D'ANTIN LA FAYETTE
Place Diaghilev
AUBER
Bd. Haussmann
奧斯曼大道
Rue Laffitte
Rue Drouot
RICHELIEU DROUOT
Rue Bergère
Musée Grévin
Roissy bus
羅西巴士發車站
（機場巴士）
L'Effet Maison
（廚房用品）
P59
Opéra Garnier
加尼葉歌劇院
（劇院）
P53
Bd. Montmartre
R. Vignon
Rue Auber
Bd. des Italiens
義大利大道
Opéra Comique
GRANDS BOULEVARDS
La Maison du Chocolat
（巧克力）
嘉布遣大道
Starbucks Coffee
星巴克咖啡
（咖啡店）
P62
R. de Sèze
Boulevard des Capucines
OPÉRA
QUATRE SEPTEMBRE
Rue de Richelieu
2e
repetto
（鞋子）
Pierre Hermé
（馬卡龍・巧克力）
BOURSE
Palais de la Bourse
Rue de la Paix
R. Saint Augustin
Nihonjin-gai
日本街
Rue Montmartre
Marché Saint Honoré
聖歐諾黑市場
Hugo & Victor
雨果&維克多
（甜點・巧克力）
P64
Rue Sainte Anne
聖安娜街
Rue du Quatre Septembre
Place Vendôme
凡登廣場
Rue Gomboust
Rue Danielle Casanova
Bibliothèque Nationale
舊國立圖書館
SENTIER
Qualité and Co
（有機速食）
P64
走路約 10 分鐘
JUJI-YA
十時屋
（日本食材・便當）
Pl. des Pits Pères
PYRAMIDES
KUNITORAYA
國虎屋
（烏龍麵）
Pl. des Victoires
Angelina
安潔麗娜
（沙龍茶館）
St-Roch
聖洛克教堂
R. du 29 Juillet
Terrasse des Feuillants
Rue Saint-Honoré
Rue d'Argenteuil
Avenue de l'Opéra
Jardin du Palais Royal
Rue de Valois
Banque de France
R. Étienne Marcel
TUILERIES
Rue de Rivoli
Jean Paul Hévin
（巧克力・咖啡館）
Rue de l'Échelle
Palais Royal
巴黎皇家宮殿
（迴廊・庭園）
P53
往龐畢度／巴黎市政廳（P114）
ba&sh
（女裝）
P112
Colette
（精品店）
Sanukiya
讚岐屋
（讚岐烏龍麵）
P64
ZEN
善
（拉麵・壽司）
St-Eustache
聖厄斯塔許教堂
1er
Rue du Louvre
Bourse de Comm.
Pl. R. Cassin
Jardin des Tuileries
杜麗樂花園
P53
Musée des Arts Décoratifs
裝飾藝術美術館
Avenue du Gal Lemonnier
PALAIS ROYAL MUSÉE DU LOUVRE
Jardin du Carrousel
卡魯索公園
Carrousel du Louvre
（購物中心）
P63
Pl. du Carrousel
Rue Saint Honoré
Pl. M. Quentin
Pyramide
透明金字塔
LOUVRE RIVOLI
Musée du Louvre
羅浮宮
P53
Cour Carrée
Pont Royal
Rue de l'Amiral de Coligny
Rue du Pont Neuf
Musée d'Orsay
奧塞美術館
Pont du Carrousel
Quai du Louvre
Pl. du Louvre
CHÂTELET
St-Germain l'Auxerrois
聖日爾曼奧賽爾教堂
Quai Voltaire
PONT NEUF

Printemps

春天百貨 [prɛ̃tɑ̃]

Café Pouchkine的蛋糕造型優雅美麗。前方是Moskito、後面是Rose Pouchkine。

永遠領導時尚的老牌百貨公司

創業於1865年的百貨龍頭，時常的翻新改裝，對時尚保持靈敏嗅覺，永遠領先流行的姿態讓人敬佩。位於Mode館6F的「Brasserie Printemps」，坐在從創業時保存至今的美麗玻璃圓頂之下，用餐或喝茶都成了絕佳的享受或將巴黎盡收眼底的屋頂露天咖啡座，是相當值得推薦的私房景點。

除此之外，1999年在莫斯科開幕後，便不斷廣受好評的「Café Pouchkine」。優雅的內裝遙想到當年的俄羅斯帝國；耳目一新的以蕎麥蜂蜜或牛奶醬搭配法式糕點的俄法混搭風。

最後，如果遇到「衣服、鞋子、伴手禮通通都想買，但是時間不夠」的情形，建議可以試試導購員（Personal Shopper）這項需預約免費服務。有一位能給予中肯意見的導購員同行，相信一定能大幅提升購物效率，節省許多時間。

在近距離下
欣賞玻璃圓頂

頂樓露天座位的視野美得驚人。有自助式餐廳，可以隨時用個便餐。

data

地址：64 boulevard Haussmann 75008
電話：01 42 82 50 00
預約導購員：01 42 82 41 04
Email：personalshopper@printemps.fr
地鐵：Havre Caumartin③⑨
營業日：一～六 9：35～20：00、
四 9：35～20：45
公休日：日、主要的國定假日
刷卡：Visa,Master,Amex
http://www.printemps.com

Bread & Roses

[brɛd.e.roz]

美味的有機咖啡廳

2003年，在盧森堡公園附近開了這麼一家店。使用優質有機食材烘焙的麵包、蛋糕或熟食，大受左岸貴婦們的好評。因此火速在右岸的熱門地段，開了第2間門市。店內裝潢是沉穩大方的法式風格，和歌劇院區優雅的氣氛不謀而合。造訪瑪德蓮教堂或協和廣場之後，建議到這裡稍作休息。正如店主說的「美食的份量一定要大，否則吃起來就不過癮了」而加了大量栗子泥和鮮奶油的蒙布朗，就是一款讓人「先點了再說」的罪惡甜點。推薦剛出爐的麵包、當季的水果塔、蔬菜鹹派等多款美味，而加了、先點了再說 、可以外帶。

©Bread & Roses

以有機食材製成。麵包師傅恪守傳統製法，以石臼麵粉和手工酵母精心製作，吃過的人無不稱讚。

蒙布朗外帶的價格是7.5€，內用是9€。份量和價格都很讓人震撼。濃郁的栗子味和甜度適中的鮮奶油，搭配烤過的蛋白霜是美味絕品。

data

- 地址：25 rue Boissy d'Anglas 75008
- 電話：01 47 42 40 00
- 地鐵：Havre Caumartin③⑨
- 營業日：一～五 8：00～19：30、六 10：00～19：30
- 公休日：日
- 分店：7 rue de Fleurus 75006（1-a P35）
- 刷卡：Visa,Master,Amex
- http://www.breadandroses.fr

一 二 三 四 五 六 **廚房用品**

L'Effet Maison

[lefɛ.mɛzɔ̃]

在日常生活裡增添一點法式風味

坐落在瑪德蓮教堂後方的小路，是一間和廚房、花園、放鬆感、小朋友這四大居家主題有關的店鋪。細長的店面，陳列各種手作及療癒的生活用品。造型樸實的木柄刷、可麗餅鍋等傳統的法式廚具，另有巴黎創意工作者設計的杯子器皿、機能齊全的新商品、食譜、手工香皂、精油、花盆。挑幾樣帶回家，往後的日子也會多了幾分法國味呢。

後方還有料理教室。大受想要磨練廚藝的巴黎人歡迎。

data

地址：32 rue Vignon 75009
電話：01 44 56 94 43
地鐵：Havre Caumartin③⑨、Madeleine⑧⑫⑭
營業日：一 12：00～19：00、二～六 10：00～19：00（7、8月11：00～）
公休日：日
刷卡：Visa,Master（10€～）
http://www.effet-maison.com

Saint Lazare Paris

[sɛ̃.lazar.pari]

新購物中心

2012年，在TGV和許多路線交接的聖拉薩車站內，一間嶄新的購物中心開幕了。建議轉乘地鐵或前往春天百貨時可繞點路來這邊逛逛。此購物中心佔地三層，對旅人來說相當方便。熱門的「Kusmi Tea」、「歐舒丹」、「AIGLE」之外，也有適合當伴手禮的「pylones」（P124）、「HEMA」或以旅行用品為主的「MUJI TO GO」。另外還有化妝品店「Sephora」和「家樂福」和「Moroprix」兩大超市進駐。此購物中心佔地3層，囊括時尚精品、生活雜貨、美食、咖啡廳及重要的洗手間，對旅人來說相當方便。

建於1837年的車站，外觀莊嚴。如果有機會經過的話，駐足欣賞一下吧。

data

地址：Gare de Saint Lazare
（在聖拉薩車站內）
電話：01 42 82 43 31
地鐵：Saint Lazare③⑫⑬⑭
營業日：一～五 7：30～20：00、六 9：00～20：00（各店鋪不同）
公休日：日
http://www.stlazareparis.com

一 二 三 四 五 六 芥末醬

Maille

[maj]

從18世紀營業至今的芥末醬專賣店

創業於1747年，Maille已成為法國芥末的代名詞。嗆辣的第戎式口味和加了芥末籽的基本款，或添加香草植物、水果、起士等各種口味的芥末醬。搭配肉類、魚類、沙拉等都很對味，是應用範圍很廣的法式調味料。

data

地址：6 place de la Madeleine 75008
電話：01 40 15 06 00
地鐵：Madeleine⑧⑫⑭
營業日：一～六 10：00～19：00
公休日：日
刷卡：Visa,Master,JCB
http://www.maille.com

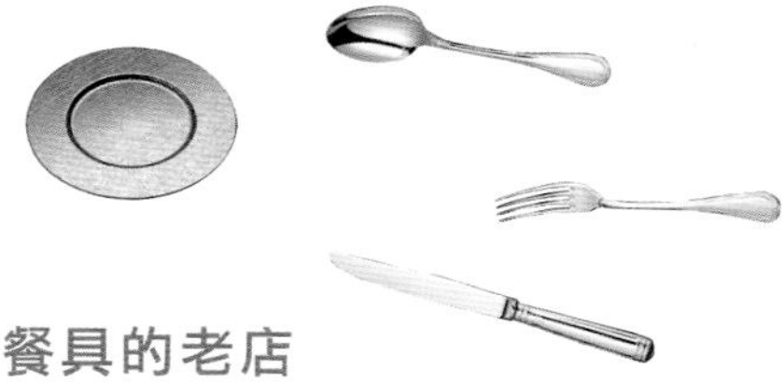

一 二 三 四 五 六 餐具

Christofle

[kristɔfl]

法國銀質餐具的老店

創業於19世紀半的Christofle是法國銀器的代名詞。以傳統為重，但又勇於求新求變。曾與尚·考克多、曼·雷等藝術家攜手合作。目前，與設計師Ora Ito共同推出的餐具、飾品或是送給新生兒的銀杯，每一件都美得讓人讚不絕口。

data

地址：9 rue Royale 75008
電話：01 55 27 99 13
地鐵：Havre Caumartin③⑨
營業日：一～六 10：30～19：00
公休日：日
刷卡：Visa,Master,Amex,JCB
其他分店：24 rue de la Paix 75002（2-b P54）
http://www.christofle.com

一 二 三 四 五 六 日 咖啡店

Starbucks Coffee

[starbʌks. kɔfi]

法國才有的優雅星巴克

星巴克進軍法國時，曾受到質疑：在滿街都是咖啡館的巴黎，開設咖啡連鎖店是否為明智之舉。但目前光是巴黎市區，已經開了將近50間門市。畢竟法國人原本就屬於熱愛在咖啡店坐下來，享受悠閒時光的民族。只要具備座位舒適、咖啡的口味琳瑯滿目，再加上瑪芬或甜甜圈，都是標準美式作風的大份量等特點的星巴克，難怪會成為巴黎人的新寵兒。不過，既然難得在巴黎喝星巴克，本書推薦的首選是這間靠近巴黎歌劇院的門市。由私人的豪華宅邸改裝而成，大理石柱或天花板的壁畫、閃閃發亮的吊燈，都讓人有置身於高級餐廳的感覺。

享受溫暖的陽光從挑高的玻璃天花板灑落而下，不禁讓人想在這裡待上一整天。

data

地址：3 boulevard des Capucines 75002
電話：01 42 68 11 20
地鐵：Opéra③⑦⑧
營業日：每天 7：00～23：00
（六、日8點～）
公休日：無休
刷卡：Visa,Master
http://www.starbucks.fr

一 二 三 四 五 六 日 購物中心

Carrousel du Louvre

[karuzɛl.dy.luvr]

羅浮宮卡魯塞爾商場

位於羅浮宮地下室，便利至極

Carrousel du Louvre是地下購物商場，範圍從羅浮宮延伸到杜麗樂花園，進駐的知名店家包括「拉杜蕾」、梅森巧克力、「瑪黑兄弟」、「歐舒丹」及「PYLONES」（P124）。另外，巴黎首間的Apple專賣店也廣受注目。遊客可由羅浮宮的拿破崙廳、直通地鐵站的出口和Rivoli路進出。還有可以隨時簡單吃點東西的美食街，是旅人的好幫手。POINT WC是收費型洗手間，費用是1€；突然內急的時候，可以利用。當然，大家也別忘了站在被陽光照得閃閃發亮的「倒金字塔」，拍照留念。

除了聖誕節和元旦休息之外，安排行程時，可以放心的把這裡列入星期日的必訪之地。

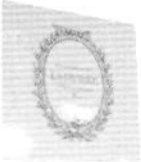

data

- 地址：99 rue de Rivoli 75001
- 電話：01 43 16 47 10
- 地鐵：Palais Royal Musée du Louvre①⑦
- 營業日：每天 10：00～20：00（餐廳 8：30～）
- 公休日：無休（除了1/1、12/25）
- http://www.carrouseldulouvre.com

其他推薦好店

一 二 三 四 五 六 日　甜點·巧克力

Hugo & Victor

雨果與維克多

甜度適當、保留食材原味的當季水果塔、老式甜點或有「全巴黎最美味」之美譽的費南雪、半月形巧克力等。唯有在巴黎才品嘗得到這美妙滋味。

地址：7 rue Gomboust 75001
地鐵：Pyramides⑦⑭
營業日：二～四 10：30～19：00、
　　　　五～六 10：30～20：00
公休日：日、一

一 二 三 四 五 六 日　讚岐烏龍麵

Sanukiya

讚岐屋

對食材很講究，堅持使用北海道麵粉、小豆島的醬油等。自製麵條，口味又道地，深獲顧客好評。推薦炸物烏龍麵、煎蛋捲、雞肉牛蒡飯的午間定食。

地址：9 rue d'Argenteuil 75001
地鐵：Pyramides⑦⑭
營業日：每天 11：30～22：00
公休日：無休（除了1/1開始的幾天、5/1、2/25）

一 二 三 四 五 六 日　有機速食

Qualité & Co

以斯佩爾特小麥、紅米、卡姆小麥等有機食材，搭配新鮮蔬菜與肉品所作的沙拉、三明治、湯、燉飯，屬於高品質的速食。泰式醬汁、薑、香菜的調味是他們的獨家配方。

地址：7 rue du Marché Saint Honoré 75001
地鐵：Pyramides⑦⑭、Tuileries①
營業日：每天 8：30～18：00（六、日11點～）
公休日：無休（除了8月的六、日、1/1、12/25）

一 二 三 四 五 六 日　百貨公司

Galeries Lafayette

拉法葉百貨

高級名牌、文創、包包、鞋子、飾品應有盡有，時間不多的人，來這裡即可網羅所有的流行品。6F是巴黎特產館，1F有「Angelina」茶館。

地址：40 boulevard Haussmann 75009
地鐵：Chaussée d'Antin La Fayette⑦⑨
營業日：一～六 9：30～20：00（四到21點）
公休日：日

歌劇院區的精選好物

做工精緻，以巴黎知名建築物為主題的3D立體卡片。2.5€（拉法葉百貨　P64）

印著蕾絲圖案的蛋糕盤和蛋糕刀。（左）35.9€、（右）11.9€、（L'effet Maison P59）

從管子裡現擠出來的新鮮芥末醬。冷藏保存6個月。100g11.9€（Maille P61）

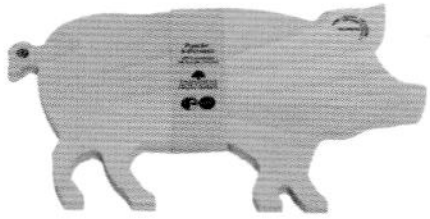

這麼可愛的砧板，起士或莎樂美腸切好後可以直接端上桌了。26.5€（L'effet Maison P59）

舊時海報、古典家具、摩德風明信片的數量相當豐富。2€（裝飾藝術美術館 P55）

外盒像本精裝書的巧克力寶盒。裝有12顆美麗的巧克力。17€（雨果與維克多）

馬卡龍的美味自不在話下，可愛的外盒也叫人愛不釋手。16入37€（Pierre Herme P54）

厚紙板材質的組合式茶架，方便攜帶，收納簡單。3€（HEMA／Saint Lazare　Paris P60）

花色高雅的洛可可風紙杯。很適合裝當禮物的手工蛋糕。60入6.5€（L'effet Maison P59）

Marais

瑪黑

歡迎來趟結合過去與現代的時空之旅

從中世紀維持至今的石板路、建於17世紀的貴族宅邸、猶太人街的熟食鋪、時尚的創意小店、同性戀者的天堂……。瑪黑擁有的豐富面貌，足以叫人動容，已和巴黎的歷史與文化融為一體。既然來到這裡就稍微放慢節奏，興所隨至的穿梭在巷弄之間來感受巴黎。

基本景點

3-a 聖保羅周邊（P70-75）

孚日廣場

建於17世紀的漂亮磚造建築物。此處是巴黎人喜愛圍繞著廣場的休閒場所。

data：place des Vosges 75004／Saint Paul①

畢卡索美術館

館藏5000件畢卡索的作品。

data：5 rue de Thorigny 75003／Saint Paul①

聖保羅村

各種販售骨董等藝術品、生活雜貨、玩具等店家，佇立在鋪著石板路的中庭。

data：rue Saint Paul 75004／Saint Paul①／營業日依店家而異

薔薇街

位於瑪黑的鬧區，是猶太人的大本營。有很多販賣法拉費等猶太食物的熟食店，及別緻的精品店。

data：rue des Rosiers 75004／Saint Paul①

一週日程表

一
休：卡納瓦雷美術館（P68）／3-a（P70）、3-b（P76）中介紹的多數店家／歐洲攝影博物館（P75）／維克多·雨果紀念館／紅孩兒市集（P139）

二
營：紅孩兒市集（P139）
休：畢卡索美術館（P66）／歐洲攝影博物館（P75）

三
孚日廣場（P66）上充滿小朋友的嬉鬧聲。
營：紅孩兒市集（P139）

四
營：紅孩兒市集（P139）

五
營：紅孩兒市集（P139）

六
營：紅孩兒市集（P139）

日
營：瑪黑區大多數的店家／紅孩兒市集（P139）
休：merci（P67）

3-b 北瑪黑區（P76-80）

紅孩兒市集

除了蔬果攤，市場內還設有可以用餐的攤位。吃得到義大利菜、摩洛哥菜，甚至連日本料理都有，選項豐富。

data：39 rue de Bretagne 75003／Filles du Calvaire⑧／二～六 8：30～19：30 日8：30～14：00（休）一

波爾圖街～夏爾洛街

不少設計新銳陸續在這一帶成立自己的創意精品店，近年來在北瑪黑蔚為一股風潮。

data：rue Poitou、rue Charlot 75003／Filles du Calvaire⑧、Saint Sébastien Froissart⑧

Merci

集服裝、飾品、生活雜貨、廚房用品、文具、咖啡廳、餐廳於一身的概念式商店。

data：111 boulevard Beaumarchais 75003／Saint Sébastien Froissart⑧／一～六 10：00～19：00／（休）日

Jacques Genin

盛裝在精美銀色外盒裡的巧克力或入口即化的太妃糖，都是最佳伴手禮。

data：133 rue de Turenne 75003／Filles du Calvaire⑧／二～日 11：00～19：00（六-20：00）／（休）一

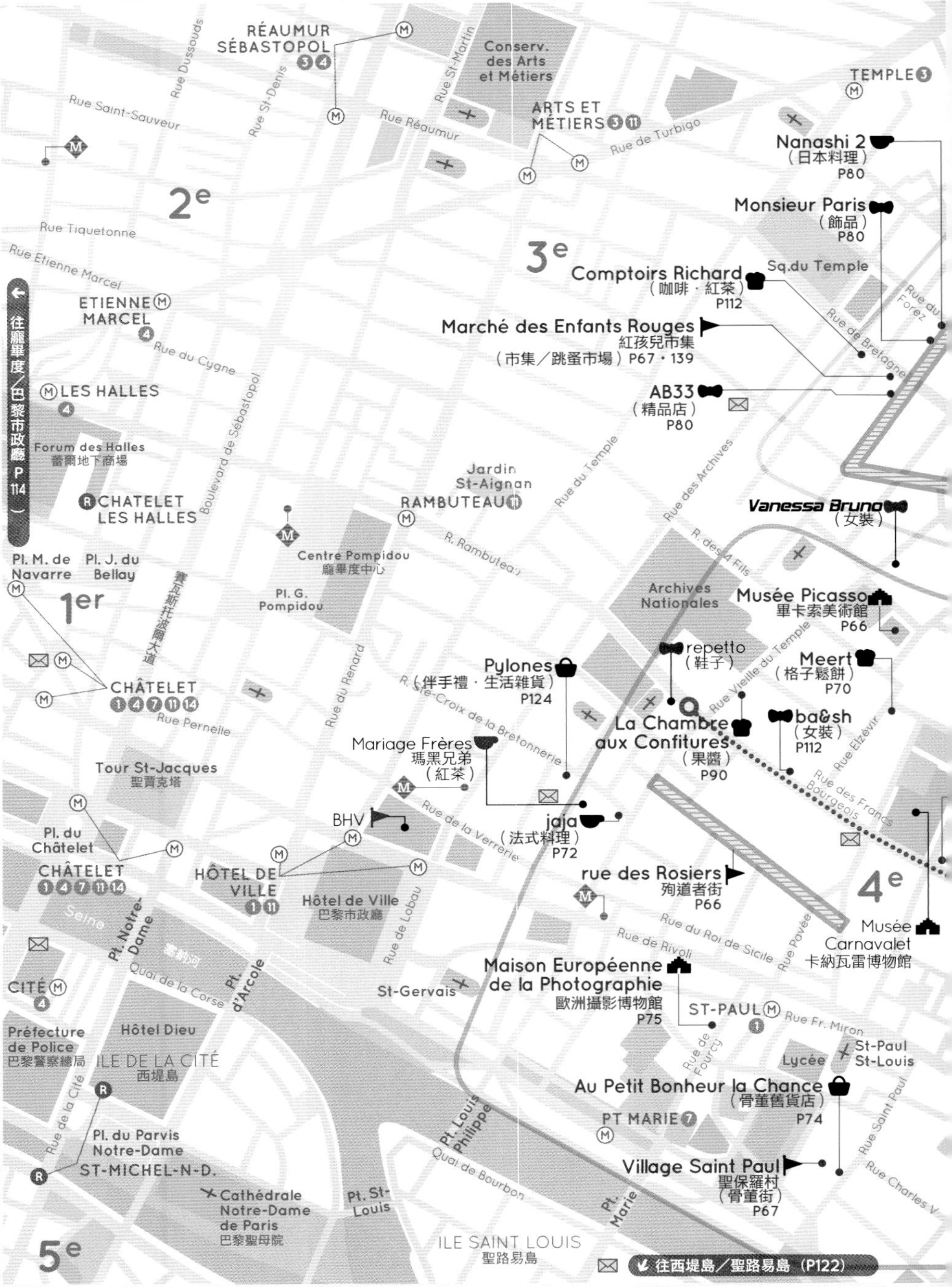
RÉAUMUR SÉBASTOPOL 3 4
Conserv. des Arts et Métiers
ARTS ET MÉTIERS 3 11
TEMPLE 3
Rue Saint-Sauveur
Rue Réaumur
Rue de Turbigo
Nanashi 2（日本料理）P80
Monsieur Paris（飾品）P80
2e
3e
Rue Tiquetonne
Rue Etienne Marcel
Comptoirs Richard（咖啡・紅茶）P112
Sq.du Temple
往龐畢度／巴黎市政廳（P114）
ETIENNE MARCEL 4
Marché des Enfants Rouges 紅孩兒市集（市集／跳蚤市場）P67・139
Rue du Cygne
LES HALLES 4
AB33（精品店）P80
Forum des Halles 蕾爾地下商場
CHATELET LES HALLES
Jardin St-Aignan
RAMBUTEAU 11
Vanessa Bruno（女裝）
Centre Pompidou 龐畢度中心
Pl. G. Pompidou
Pl. M. de Navarre
Pl. J. du Bellay
1er
Archives Nationales
Musée Picasso 畢卡索美術館 P66
repetto（鞋子）
Meert（格子鬆餅）P70
Pylones（伴手禮・生活雜貨）P124
CHÂTELET 1 4 7 11 14
Rue Pernelle
La Chambre aux Confitures（果醬）P90
ba&sh（女裝）P112
Mariage Frères 瑪黑兄弟（紅茶）
Tour St-Jacques 聖賈克塔
BHV
jaja（法式料理）P72
Pl. du Châtelet
CHÂTELET 1 4 7 11 14
HÔTEL DE VILLE 1 11
Hôtel de Ville 巴黎市政廳
rue des Rosiers 殉道者街 P66
4e
Musée Carnavalet 卡納瓦雷博物館
Seine 塞納河
Maison Européenne de la Photographie 歐洲攝影博物館 P75
CITÉ 4
St-Gervais
ST-PAUL 1
Préfecture de Police 巴黎警察總局
Hôtel Dieu
ILE DE LA CITÉ 西堤島
St-Paul St-Louis
Lycée
Au Petit Bonheur la Chance（骨董舊貨店）P74
PT MARIE 7
Pl. du Parvis Notre-Dame
ST-MICHEL-N-D.
Village Saint Paul 聖保羅村（骨董街）P67
Cathédrale Notre-Dame de Paris 巴黎聖母院
5e
ILE SAINT LOUIS 聖路易島
往西堤島／聖路易島（P122）

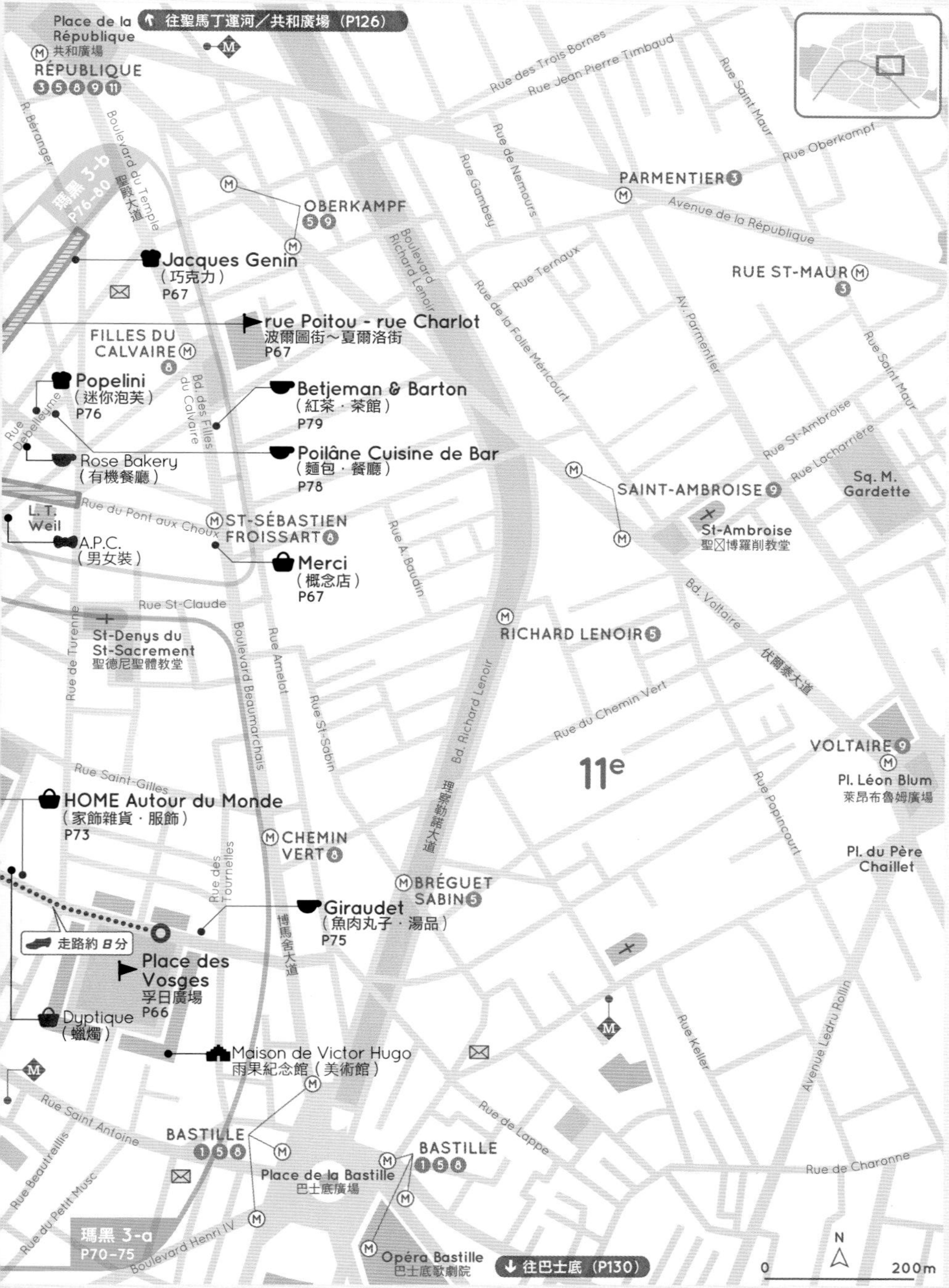
Place de la République
共和廣場
RÉPUBLIQUE
3 5 8 9 11
往聖馬丁運河／共和廣場（P126）
瑪黑 3-b
P76-80
R. Béranger
Boulevard du Temple
聖殿大道
Rue des Trois Bornes
Rue Jean Pierre Timbaud
Rue Saint Maur
Rue Oberkampf
PARMENTIER 3
Avenue de la République
OBERKAMPF
5 9
Rue Gambey
Rue de Nemours
Boulevard Richard Lenoir
Rue Ternaux
Jacques Genin
（巧克力）
P67
rue Poitou - rue Charlot
波爾圖街～夏爾洛街
P67
FILLES DU CALVAIRE
8
Bd. des Filles du Calvaire
Popelini
（迷你泡芙）
P76
Rue Debelleyme
Betjeman & Barton
（紅茶．茶館）
P79
Rose Bakery
（有機餐廳）
Poilâne Cuisine de Bar
（麵包．餐廳）
P78
Rue de la Folie Méricourt
Av. Parmentier
RUE ST-MAUR
3
Rue Saint Maur
Rue St-Ambroise
Rue Lacharrière
Sq. M. Gardette
SAINT-AMBROISE 9
St-Ambroise
聖⊠博羅削教堂
Rue du Pont aux Choux
L. T. Weil
A.P.C.
（男女裝）
ST-SÉBASTIEN FROISSART 8
Merci
（概念店）
P67
Rue A. Baudin
Bd. Voltaire
Rue St-Claude
St-Denys du St-Sacrement
聖德尼聖體教堂
Rue de Turenne
Boulevard Beaumarchais
Rue Amelot
Rue St-Sabin
RICHARD LENOIR 5
伏爾泰大道
Rue du Chemin Vert
Bd. Richard Lenoir
理查勒諾大道
11e
VOLTAIRE 9
Pl. Léon Blum
萊昂布魯姆廣場
Rue Popincourt
Rue Saint-Gilles
HOME Autour du Monde
（家飾雜貨．服飾）
P73
CHEMIN VERT 8
Rue des Tournelles
BRÉGUET SABIN 5
Pl. du Père Chaillet
Giraudet
（魚肉丸子．湯品）
P75
博馬舍大道
走路約 8 分
Place des Vosges
孚日廣場
P66
Dyptique
（蠟燭）
Maison de Victor Hugo
雨果紀念館（美術館）
Rue Keller
Avenue Ledru Rollin
Rue Saint Antoine
Rue de Lappe
BASTILLE
1 5 8
BASTILLE
1 5 8
Place de la Bastille
巴士底廣場
Rue de Charonne
Rue Beautreillis
Rue du Petit Musc
瑪黑 3-a
P70-75
Boulevard Henri IV
Opéra Bastille
巴士底歌劇院
往巴士底（P130）
N
0
200m

一 二 三 四 五 六 日 格子鬆餅

Meert

美赫 [mɛr]

店家還會用
美麗的緞帶仔細包裝。

香草口味的鬆餅一個2.5€，6個15€。
常溫保存8天，切記不要放冰箱。開心果&櫻桃、果仁糖&米果等不同口味。

19世紀持續至今的格子鬆餅

1761年創業於法國的北部城市－里爾。總店的規模十分氣派，除了甜點店，還附設茶館和餐廳，長年以來廣受當地市民的支持，成為里爾的城市象徵。聲名遠播至巴黎後，在眾所期盼下，2010年進軍瑪黑區。巧克力和太妃糖等甜點有多美味自然不在話下，不過最受注目的，當然還是Meert的招牌－格子鬆餅。法文稱為「gaufre」。2片鬆軟的餅皮之間，夾著香氣四溢的上等香草鮮奶油的gaufre，至今仍是手工製作，並遵循從19世紀創業以來的秘方。口感濕潤紮實，可能和預期的酥脆口感有些出入，不過只要咬一口，就會立刻愛上的滋味。基本款的香草口味，另有其他口味可以嘗試。黑色的門面是正字標記；美麗的裝潢見證「Meert」的悠久歷史，很值得前往。

data

地址：16 rue Elzévir 75003
電話：01 49 96 56 90
地鐵：Saint Paul①
營業日：二～五 10：30～19：00、六、日 11：00～19：00
公休日：一
刷卡：Visa,Master,Amex（8€～）
http://www.meert.fr

一 二 三 四 五 六 日　法國料理

Jaja

[ʒaʒa]

極為隱密的住家式餐廳

鑽進某條瑪黑區的小巷子，再打開其中一扇門走到底，映入眼簾的是被陽台綠蔭包圍的餐廳「Jaja」。宛如遺世而獨立的氛圍，浪漫指數破表。瑪黑區特色的石造建築；舒服的陽光從玻璃天花板灑落店內。餐廳的最大賣點是使用當季新鮮食材，漬鱸魚、生小牛肉薄片、烤小龍蝦等，都是不可錯過的美食。食材大多為有機蔬果，從菜單可以發現店家對品質充滿自信。自家的網頁不但一一列出食材的生產者姓名和產地，店內供應的葡萄酒，更是店主親自走訪300間酒莊，直接進貨。幾乎所有的葡萄酒都是有機產品，顯現出店家對品質的堅持。

上：做得很像壽司捲。食材有莫札瑞拉起士、芝麻菜和煙燻鮭魚。左：韃靼蝦佐茴香・銀芽・芹菜。

data

地址：3 rue Sainte Croix de la Bretonnerie 75004
電話：01 42 74 71 52
地鐵：Saint Paul①、Hôtel de Ville①⑪
營業日：一～六 12：00-14：30/20：00～23：00、日 12：00～15：00/20：00～22：30
公休日：無休（除了1/1、12/25）
刷卡：Visa,Master
價位：午餐2道菜16€、3道菜21€、晚餐只有單點　前菜9€～、主菜15€～
http://www.jaja-resto.com

一 二 三 四 五 六 日 傢飾精品·服飾

HOME Autour du Monde

[hom.otur.dy.mond]

巴黎式生活主張的第一把交椅

「BENSIMON」以設計簡單的帆布鞋或包包聞名，不過老闆賽吉先生在1989年最早開的是這間傢飾精品店。這間概念店以巴黎的生活主張為基礎，是當時很少見的店家。他們率先和亞米胥派（Amish）合作，成為法國Shaker Style的先河。蔚為風潮之前，Autour du Monde已將環保融入商品的概念之中，永遠保持領先潮流的地位。每季都會推出充滿自然感的織品商品、家具、生活雜貨，其融合了自然、洗鍊和古典的世界風格，至今仍廣受喜愛。

積極與多位設計新銳合作，備受注目。

data

地址：8 rue des France Bourgeois 75003
電話：01 42 77 06 08
地鐵：Saint Paul①
營業日：一～六 11：00～19：00、日 13：30～19：00
公休日：無休（除了1/1、5/1、12/25）
刷卡：Visa,Master
其他分店：12 rue des Francs Bourgeois 75003（3-a P68）
http://www.bensimon.com

一 二 三 四 五 六 日 骨董舊貨

Au Petit Bonheur la Chance

[o.pəti.bɔnœr.la.ʃɑ̃s]

店名的意思是「偶然」。要不要也踏進店裡，以偶然的邂逅尋找自己的小確幸呢？

瑪黑區的迷你跳蚤市場

位於瑪黑區的骨董街－保羅村，是每個生活雜貨的愛好者不可錯過的挖寶地點。小小的店面裡排滿各種女主人精心蒐集的骨董小物，每天都吸引許多前來「挖寶」的顧客。歐蕾碗、把手壺、置物罐、咖啡館的菸灰缸、餐巾＆寢具類、地址或飯店的名牌等，都是人氣永遠不墜的熱門單品。另外，已經停產的鈕釦或刺繡類製品、圖案懷舊的包裝紙或筆記本、獨一無二的鑰匙圈等商品的數量也相當驚人，對喜歡老東西的人來說，是個宛如天堂般的所在。

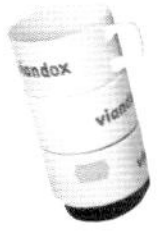

data

地址：13 rue Saint Paul 75004
電話：01 42 74 36 38
地鐵：Saint Paul①
營業日：二、四 ～日 11：00～13：00
／14：30～19：00
公休日：一、三、8月有2個星期
刷卡：不可

二 三 四 五 六 日 魚肉丸子・湯品

Giraudet

[ʒirode]

點份魚肉丸子和湯品，享受健康的午餐

Quenelle是由麵粉、蛋、奶油、鮮奶油混合魚肉所捏成的法式魚丸，口感比台式魚丸更加鬆軟。最近推出雞肉、羊肚菇、松露等新口味。有機蔬菜湯喝起來溫和順口和添加水果湯的甜點都是值得試試的美食。

data

地址：6 rue du Pas de la Mule 75003
電話：01 42 78 71 62
地鐵：Bastille①⑤⑧
營業日：二～六 10：00～19：30、日 11：00～19：30
（16點以後只提供外帶）
公休日：一　刷卡：Visa,Master
其他分店：16 rue Mabillon 75006（1-a P35）
價位：湯品套餐11.9€、丸子套餐14.9€
http://www.giraudet.fr

三 四 五 六 日 美術館

Maison Européenne de la Photographie

[mɛzɔ̃.øropeɛn.də.la.fɔtografi]

歐洲攝影博物館

坐落於塞納河畔的博物館是一棟建於18世紀的美麗建築。展示赫爾穆特・紐頓、荒木經惟等橫跨1950年代至現代的知名攝影家作品，或以獨特眼光，精選每一次有趣玩味的主題。博物館商店有販售多位法國最具代表性的攝影大師的攝影集。

data

地址：5 rue de Fourcy 75004
電話：01 44 78 75 00
地鐵：Saint Paul①
開館日：三～日 11：00～20：00
閉館日：一、二、國定假日
門票：全票7€、優待票4€、未滿8歲免費
http://www.mep-fr.org

一 二 三 四 五 六 日　泡芙

Popelini

[pɔpɛlini]

可以只買一個（1.85€）挑個喜歡的口味吧，邊走邊享受味蕾的跳動。

十分討喜可愛的
一口大小

data

地址：29 rue Debelleyme 75003
電話：01 44 61 31 44
地鐵：Filles du Calvaire⑧
營業日：二～六 11：00～19：30、
日 10：00～15：00
公休日：一、8月
刷卡：Visa,Master（10€～）
其他分店：44 rue des Martyrs
75009（4-a P85）
http://popelini.com

冷藏的保存期限2天。選個顆數稍多的划算組合，利用停留在巴黎的時間慢慢享用。6個（11€）、12個（21€）、18個（31€）。

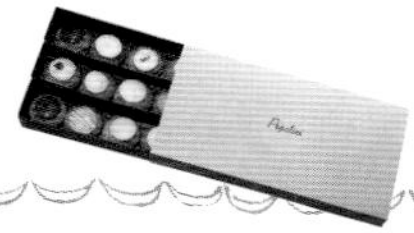

五顏六色的可愛迷你泡芙

本店是巴黎第一間泡芙專賣店。在日本，迷你泡芙雖然是甜點店必備基本款，但是到了發源地的法國，想找到一間販售泡芙的甜點店還真有點難度。發音聽起來很可愛「Popelini」，店名與1540年發明泡芙的義大利甜點師傅同名。店內的裝潢以粉紅色和棕色為主，商品櫃內有各種色彩繽紛的迷你泡芙一字排開，賞心悅目的畫面讓人在品嚐前就有好心情。常態口味共有9種，包括苦味巧克力、咖啡、馬達加斯加香草、檸檬、鹽味太妃糖、開心果仁糖＆櫻桃、牛奶巧克力、百香果巧克力和玫瑰＆覆盆子。另外，再加上每天提供現擠鮮奶油的當日口味，總共10種。覆蓋在頂層的糖衣看起來很像帽子，十分可愛。泡芙的外皮酥脆，加了大量鮮奶油的內餡，味道相當濃郁，口感異於日本的泡芙，別有一番滋味。

一 二 三 四 五 六 日　麵包·餐廳

Poilâne Cuisine de Bar

[pwalan.kɥizin.də.bar]

一口咬下現做的開口三明治

說到美味的鄉村麵包，就讓人聯想到在北瑪黑開了烘焙坊兼餐廳的「Poilâne」。本店的開幕造福許多愛吃麵包的人，從早到晚在任何時段都可以開心的大快朵頤。早餐套餐提供剛出爐的Tartine（開口三明治）和可頌麵包，抹上大量的奶油和果醬一起享用，比千篇一律的飯店早餐讓人吃得眉開眼笑。午餐選擇搭配鮭魚或鵝肝醬、生火腿＆羊奶起士等熱三明治。到了下午，可以改吃甜口味，蘋果塔或抹了鹽味焦糖奶油醬的三明治都很美味。附設的餐廳除了麵包，還有受歡迎的湯匙餅乾、布包、果醬等可供選購。

店內的氣氛輕鬆自在，讓人感覺很舒服。如果和朋友一起前往，可以多點幾種三明治分食。

data

地址：38 rue Debelleyme 75003
電話：01 44 61 83 40
地鐵：Filles du Calvaire⑧
營業日：二～日 8：30～20：30
公休日：一
刷卡：Visa,Master
價位：早餐套餐8.5€、午餐套餐13.5€、開口三明治8.9€～
其他分店：8 rue du Cherche Midi 75006（1-a P34）
http://www.poilane.com

一 二 三 四 五 六 紅茶、茶館

Betjeman & Barton

[bɛtʃmɑ̃.e.bartɔ̃]

可以購買店家精選的茶壺和茶杯。另外，2012年3月，首間日本分店也在東京丸之內開幕了。

深受愛茶人喜愛的道地滋味

1919年，英國人貝傑曼創業於巴黎的老字號紅茶專賣店。精心挑選的茶葉搭配天然香料的高雅風味，廣受世界各地的紅茶迷喜愛。種類多達180種，包括焦糖&香草口味的「Thé des classiques」、玫瑰&佛手柑&薰衣草&香草的「Eden Rose」，價格從100g／3.8€起。定期更換主題圖案的紅茶罐非常討喜，是理想的伴手禮選擇。2011年春天開幕於北瑪黑的本間門市也設有茶館，可以坐下來悠閒享用剛泡好的熱茶，或者口感清爽的冰茶還有加入碳酸的氣泡茶飲。就讓我們帶上一杯好茶，從容散步在瑪黑區的街頭，渡過愜意巴黎的午後。

data

地址：24 boulevard des Filles du Calvaire 75011
電話：01 48 05 07 36
地鐵：Filles du Calvaire⑧
營業日：一～六 10：00～19：00
公休日：日、8月有兩個星期
刷卡：Visa,Master,Amex
價位：紅茶5.7€、蛋糕7€
http://www.betjemanandbarton.com

其他推薦好店

一 二 三 四 五 六 日 日本料理

Nanashi 2－Le Bento Parisien

由日本主廚遠藤Kahori女士於2010年開張的日本料理店。蔬菜和肉類搭配得宜、滋味一流的巴黎人的便當店，深深擄獲在地人的胃。便當（17€）、飯糰（3€）等品項，皆可外帶。下午以茶館的型態營業。

地址：57 rue Charlot 75003
地鐵：Filles du Calvaire⑧
營業日：每天 12：00～22：30
（星期日到16：00）
公休日：無休（8月有2個星期、1/1和12/25除外）

一 二 三 四 五 六 日 飾品

Monsieur Paris

多以纖細的金屬鍊搭配優雅的天然寶石；設計簡單；存在感很強。成熟的風格中帶有幾分惹人憐愛的獨特魅力。纖細的戒指、低調設計的項鍊、搖曳生姿的天然寶石耳環…。戴上任一款式，彷彿都能重溫巴黎的點點滴滴。

地址：53 rue Charlot 75003
地鐵：Filles du Calvaire⑧
營業日：二～五 11：00～19：00、
六 12：00～20：00、日 15：00～19：30
公休日：一

一 二 三 四 五 六 日 精品店

AB33

2003年開幕，是領導「時髦北瑪黑」的先驅者。包含法國Notify、日本Pas de Calais、義大利Forte Forte等國際品牌。AB33的風格擁有成熟不脫可愛的氣息，精準獨到的眼光讓人激賞。

地址：33 rue Charlot 75003
地鐵：Filles du Calvaire⑧
營業日：二～六 10：30～19：30、
日 11：00～19：00
公休日：一

瑪黑區的精選好物

迷你尺寸的格子鬆餅，整面抹上滿滿的鮮奶油。可保存8天。6個7€（美赫 P70）

法國藝術家Kuntzel+Deygas攜手合作的麻質手提袋。35€（Poilâne Cuisine de Bar P78）

上面刻著「Merci」的圓牌，當作手鍊或項鍊都很適合送給對時尚敏感的人。3€（Merci P67）

添加大量果汁所製作的法式水果軟糖，外型非常美麗。90€／kg、1顆約1.2€（Jacques Genin）

難得一見的霧面粉彩塑膠杯。8個7.9€（Merci P67）

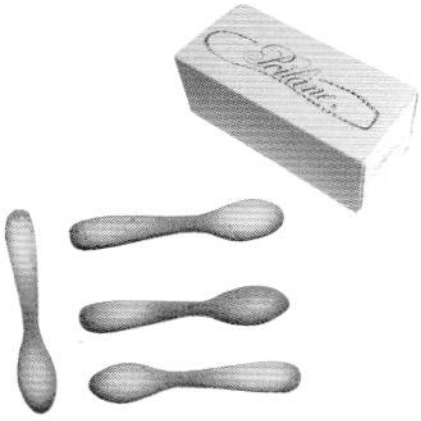

讓下午茶增添更多樂趣的湯匙餅乾。14根6.4€（Poilâne Cuisine de Bar P78）

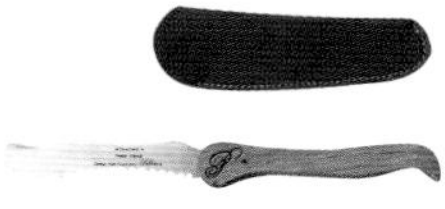

刻著開頭第一個字母P的折疊式麵包刀。65€（Poilâne Cuisine de Bar P78）

小巧可愛的迷你泡芙可冷藏保存兩天，不妨在旅途中盡情享受。6個裝11€（Popelini P76）

雜誌、商品包裝袋或鞋子等，只要有了這個環保購物袋，通通可以收納得很有質感。3€（Merci P67）

Montmartre

蒙馬特

一訪大巴黎中的小村落

蒙馬特雖然位居巴黎的市中心，卻帶有一股自成一格的村落氣息。蒙馬特原為到處可見風車和葡萄園的農村郊區，直到19世紀中期被併入巴黎市。午後在依稀保留昔日氛圍的小路散散步，感受此地的獨特魅力。從皮加勒以南有許多美食和氣質小店值得探訪，是目前備受注目的地區。

基本景點

4-a SOPI（皮加勒的南區）一帶（P86-91）

浪漫生活博物館

館內的時光彷彿凍結在19世紀，保留浪漫主義的優雅情懷。夏季會在庭院開設舒適宜人的咖啡座。

data：16 rue Chaptal 75009／Blanche②／二～日10：00～18：00／（休）一、國定假日／免費

紅磨坊

紅色風車為招牌的知名夜總會。表演歌舞和雜耍。

data：82 boulevard de Clichy 75018／Blanche②／晚餐秀19：00-,23：00-／全年無休／純看表演95€、飲料＆表演105€、晚餐＆表演175€,200€

殉道者街

饕客必訪的美食天堂，麵包、蛋糕、起士、熟食鋪、有機咖啡廳和小酒館，應有盡有。

data：rue des Martyrs 75009／Saint Georges⑫、Pigalle②⑫、Abbesses⑫

A L'Etoile D'Or
金星糖果店

店內陳列的糖果，都是編著招牌麻花辮的丹妮絲女士從法國各地蒐集而來，堪稱甜食的精品店。

data：30 rue Pierre Fontaine 75009／Blanche②／一 15：00～19：00／二～六10：00～19：00／（休）日

一週日程表

一
休：浪漫生活博物館（P82）／Lapin Agile（P85）

二
休：古斯塔夫．莫羅美術館（P91）

三
無

四
無

五
營：安維爾斯市集（P85）

六
蒙馬特山丘、帖特廣場（P83）的人潮會比平日還多，須特別提防扒手。

日
阿貝斯一帶、殉道者街（P82）上有營業的店家為大多數。

4-b 蒙馬特山丘一帶（P92-96）

聖心堂

聳立於蒙馬特山丘之上的白堊教堂。在此往下俯視，可將巴黎的美景盡收眼底，是觀光客聚集的熱門景點。

data：rue Azais 75018／Abbesses⑫、Lamarck Caulaincourt⑫／每天6：00～23：00

帖特廣場

周圍有許多咖啡館和餐廳的四角形廣場，坐滿了無數等著幫觀光客素描的畫家。小心扒手。

data：place Tertre 75018／Abbesses⑫

巴黎達利蒙馬特空間

超現實主義的代表性藝術家。來到此美術館，一窺薩爾瓦多．達利的異想世界。

data：11 rue Poulbot 75018／Abbesses⑫／每天 10：00～18：00（7、8月-20：00）／無休／11€、（優待票）6€

蒙馬特墓園

畫家竇加和郁特理羅、作家史丹達爾、電影導演楚浮等名人的長眠之處。

data：20 avenue Rachel 75018／Blanche②／一～五 8：00～18：00、六 8：30～18：00、日 9：00～18：00／免費

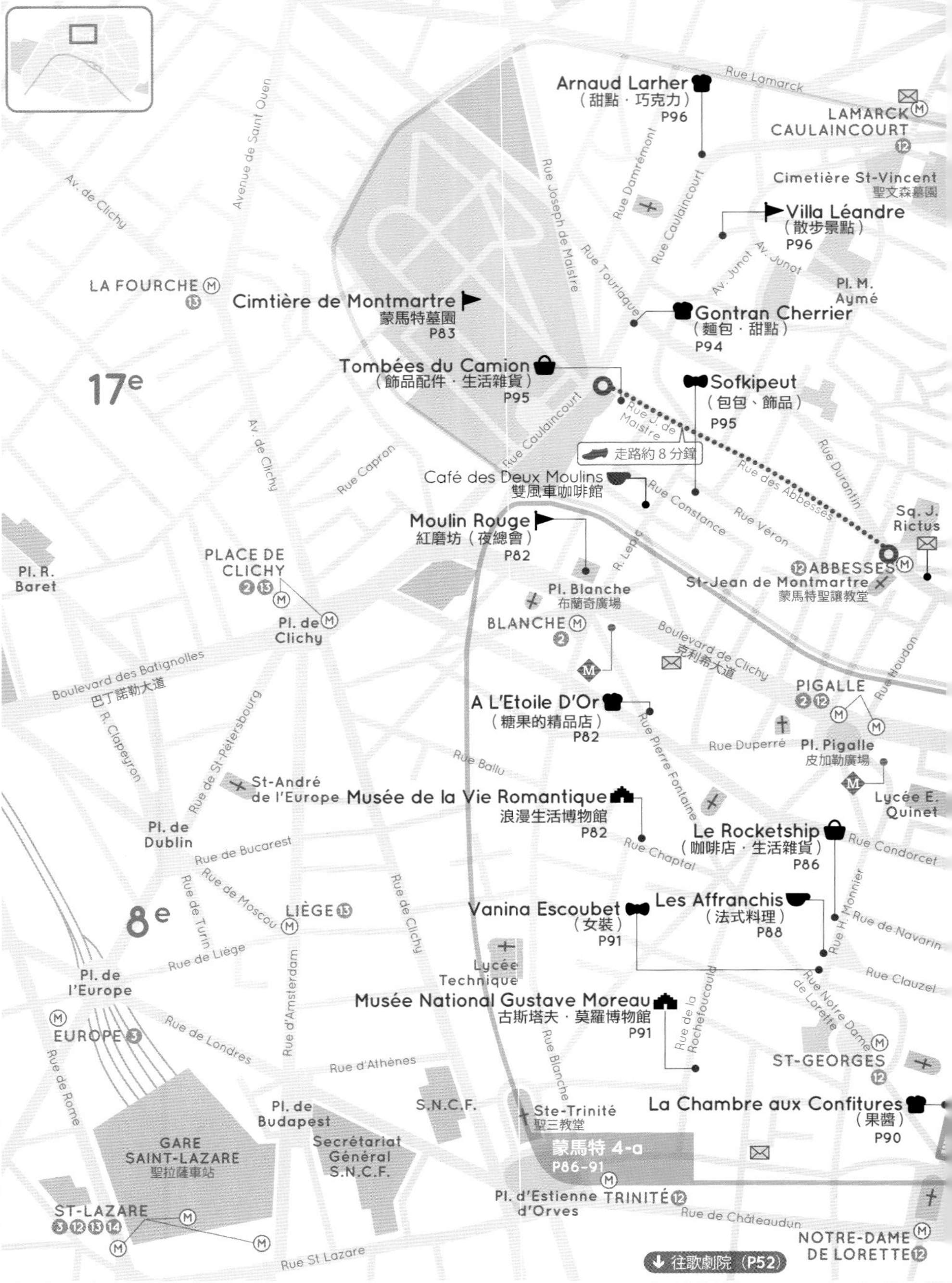
Arnaud Larher
（甜點．巧克力）
P96
Rue Lamarck
LAMARCK CAULAINCOURT
Cimetière St-Vincent
聖文森墓園
Villa Léandre
（散步景點）
P96
Pl. M. Aymé
Gontran Cherrier
（麵包．甜點）
P94
Sofkipeut
（包包、飾品）
P95
Tombées du Camion
（飾品配件．生活雜貨）
P95
Cimtière de Montmartre
蒙馬特墓園
P83
LA FOURCHE
17e
走路約 8 分鐘
Café des Deux Moulins
雙風車咖啡館
Moulin Rouge
紅磨坊（夜總會）
P82
Sq. J. Rictus
ABBESSES
St-Jean de Montmartre
蒙馬特聖讓教堂
PLACE DE CLICHY
Pl. de Clichy
Pl. R. Baret
Pl. Blanche
布蘭奇廣場
BLANCHE
Boulevard de Clichy
克利希大道
Boulevard des Batignolles
巴丁諾勒大道
PIGALLE
A L'Etoile D'Or
（糖果的精品店）
P82
Pl. Pigalle
皮加勒廣場
St-André de l'Europe
Musée de la Vie Romantique
浪漫生活博物館
P82
Lycée E. Quinet
Le Rocketship
（咖啡店．生活雜貨）
P86
Pl. de Dublin
8e
LIÈGE
Vanina Escoubet
（女裝）
P91
Les Affranchis
（法式料理）
P88
Lycée Technique
Pl. de l'Europe
EUROPE
Musée National Gustave Moreau
古斯塔夫．莫羅博物館
P91
ST-GEORGES
La Chambre aux Confitures
（果醬）
P90
GARE SAINT-LAZARE
聖拉薩車站
Pl. de Budapest
Secrétariat Général S.N.C.F.
S.N.C.F.
Ste-Trinité
聖三教堂
蒙馬特 4-a
P86-91
Pl. d'Estienne d'Orves
TRINITÉ
ST-LAZARE
NOTRE-DAME DE LORETTE
往歌劇院（P52）

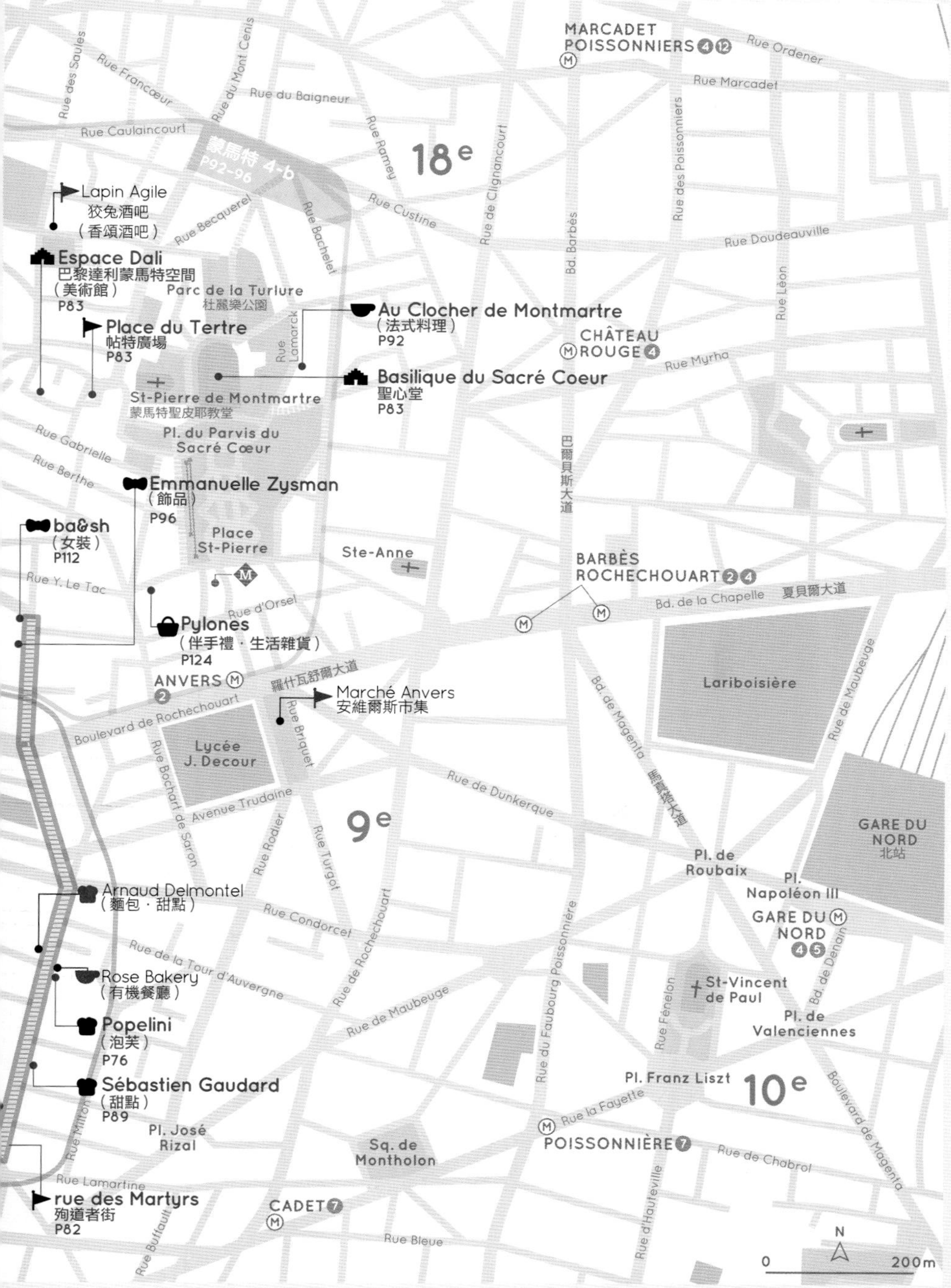
MARCADET POISSONNIERS 4 12
Rue Ordener
Rue Marcadet
Rue des Saules
Rue Francœur
Rue du Mont Cenis
Rue du Baigneur
Rue Caulaincourt
蒙馬特 4-b
P92-96
Rue Ramey
18e
Rue de Clignancourt
Rue des Poissonniers
Rue Custine
Lapin Agile
狡兔酒吧
（香頌酒吧）
Rue Becquerel
Rue Bachelet
Bd. Barbès
Rue Doudeauville
Espace Dali
巴黎達利蒙馬特空間
（美術館）
P83
Parc de la Turlure
杜麗樂公園
Rue Léon
Au Clocher de Montmartre
（法式料理）
P92
Place du Tertre
帖特廣場
P83
Rue Lamarck
CHÂTEAU ROUGE 4
Rue Myrha
Basilique du Sacré Coeur
聖心堂
P83
St-Pierre de Montmartre
蒙馬特聖皮耶教堂
Pl. du Parvis du Sacré Cœur
Rue Gabrielle
Rue Berthe
巴爾貝斯大道
Emmanuelle Zysman
（飾品）
P96
ba&sh
（女裝）
P112
Place St-Pierre
Ste-Anne
Rue Y. Le Tac
BARBÈS ROCHECHOUART 2 4
Bd. de la Chapelle
夏貝爾大道
Rue d'Orsel
Pylones
（伴手禮・生活雜貨）
P124
ANVERS 2
羅什瓦舒爾大道
Marché Anvers
安維爾斯市集
Lariboisière
Bd. de Magenta
Rue de Maubeuge
Boulevard de Rochechouart
Rue Briquet
Lycée J. Decour
Rue Bochart de Saron
Avenue Trudaine
Rue de Dunkerque
馬真塔大道
9e
Rue Rodier
Rue Turgot
GARE DU NORD
北站
Pl. de Roubaix
Pl. Napoléon III
GARE DU NORD 4 5
Arnaud Delmontel
（麵包・甜點）
Rue Condorcet
Rue de Rochechouart
Rue de la Tour d'Auvergne
Rue du Faubourg Poissonnière
Rose Bakery
（有機餐廳）
Rue de Maubeuge
St-Vincent de Paul
Bd. de Denain
Rue Fénelon
Pl. de Valenciennes
Popelini
（泡芙）
P76
Sébastien Gaudard
（甜點）
P89
Pl. Franz Liszt
10e
Boulevard de Magenta
Rue la Fayette
Rue Milton
Pl. José Rizal
Sq. de Montholon
POISSONNIÈRE 7
Rue de Chabrol
Rue Lamartine
rue des Martyrs
殉道者街
P82
CADET 7
Rue Buffault
Rue Bleue
Rue d'Hauteville
N
0
200m

二 三 四 五 六 咖啡廳‧生活雜貨

Le Rocketship

[lə.rɔkɛtʃip]

本店也愛用日本製的咖啡用品呢

提供美好物品和美味的咖啡

原本從事行銷工作的班瓦先生，因為發現喜歡手作的人愈來愈多，於是在2011年10月開了這間「Le Rocketship」。在這裡，你可以細細品味每一件物品的故事，不論是工匠或設計師投入大量心力完成的生活雜貨，或者機能外觀禁得起時間考驗的日常用品。班瓦先生的貨源來自世界各地，例如外型像火箭的燈來自美國、Jansen＆co的餐具來自荷蘭、從中世紀以來未曾改變形狀的法國玻璃瓶等。

此外，班瓦先生並非把Le Rocketship定位成一間單純銷售的生活雜貨店，也將記錄創作者的想法和物品的歷史當作自己的使命傳遞出去。店內附設小小的咖啡座，提供聚會與交流的空間。為此他還特別參加咖啡調理師的研修課程，提供巴黎少見的美味濾滴咖啡。

本店獨家販售用巴黎風景的片段組合而成的明信片，由班瓦先生擔任平面設計師的弟弟所設計。

data

地址：13 bis rue Henry Monnier 75009
電話：01 48 78 23 66
地鐵：Saint Georges⑫
營業日：二～六 10：00～19：00
公休日：日、一、7月底～8月初的2個星期
刷卡：Visa,Master（20€～）
http://www.lerocketship.com

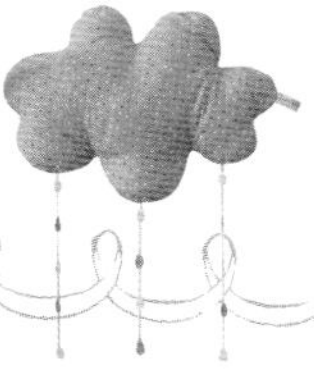

Les Affranchis

[le.zafrɑ̃ʃi]

讓人想要徹底變成巴黎人，前往一飽口福的餐廳

一踏進店裡，爵士樂、雷鬼、搖滾樂便從古老的唱盤緩緩流瀉；拿到酒單一看，封套竟是用唱片的封面巧手包裝而成。店主阿諾先生從自家帶來書本、家具、家族照片，營造輕鬆自在的氛圍。如同店名「怪胎」，乍看平凡的小酒館，其實講究的地方可多了。鄉村式肉凍、烤鱈魚、牛排等正統的法國料理，除了保有傳統的大份量，作法上也增添一些巧思。琳瑯滿目的傳統餐前酒和葡萄酒，讓人看得目不暇給。好希望自己住在那裡，能隨時來一頓美食搭配美酒的饗宴。順帶一提，本店的建築物擁有悠久的歷史，曾出現在楚浮的名作《四百擊》。

上：法式溫泉蛋的滑順口感和爽脆的蘆筍是絕配。左：厚到讓人大吃一驚的小牛肝排是法國傳統的好滋味。

Les Affranchis Restaurant

data

地址：5 rue Henry Monnier 75009
電話：01 45 26 26 30
地鐵：Saint Georges⑫
營業日：二～六 12：00～14：00／19：30～22：00
公休日：日、一、8月有3個星期
刷卡：Visa,Master（20€～）
價位：午餐單品＋飲料19€、2道菜26€、3道菜33€、晚間3道菜33€

一 二 三 四 五 六 日 糕餅店

Sébastien Gaudard

[sebastjɛ̃.godar]

維持古典路線的糕點再度翻紅

主廚高達先生在2011年成立自己的甜點專賣店之前，曾在名店FAUCHON擔任大師Pierre Herme的得力助手。獨立後，曾活躍於樂蓬馬歇百貨等處。自許要走在前端，希望重現宛如孩童時期，初嘗甜點的那份單純與美好。他提出「賦予傳統糕點新生命」的概念，對於蒙布朗或檸檬塔等傳統糕點的製作不遺餘力。不論是水果或鮮奶油，都吃得出主廚對食材品質的把關與堅持。推薦香草鮮奶油搭配杏仁的「Mussipontain」。

高達先生的父親也是甜點師，據說他從小就很有口福，可以吃到各種美味的傳統蛋糕。

data

地址：22 rue des Martyrs 75009
電話：01 71 18 24 70
地鐵：Saint Georges⑫、Notre Dame de Lorette⑫
營業日：二～五 10：00～20：00、六 9：00～20：00、日 9：00～19：00
公休日：一、8月有2個星期
刷卡：Visa,Master
http://www.sebastiengaudard.fr

一 二 三 四 五 六 日 果醬

La Chambre aux Confitures

[la.ʃɑ̃br.o.kɔ̃fityr]

貼標和紙袋的設計，很適合當作可愛伴手禮。

用大量熟成水果製作的手工果醬

開幕於2011年9月的果醬專賣店。由來自法國各地的10位師傅，堅持只使用有機或低農藥栽培的水果和砂糖精心製作而成。果肉的比例平均70%，最多高達91%，和市面上添加了大量砂糖的果醬截然不同。店主麗莎小姐表示，如果聽到「真的吃得出來是手工製作的呢！」的消費者評價，就是最榮幸的讚美。水果的組合和調味，都是麗莎小姐和師父們一起決定。杏桃&薰衣草、野莓&花、白巧克力&芒果&椰子等口味都很誘人，會讓人難以抉擇要買那種好。

data

地址：9 rue des Martyrs 75009
電話：01 71 73 43 77
地鐵：Saint Georges⑫、
Notre Dame de Lorette⑫
營業日：二~五 11：00~14：30／15：30~19：30、日 10：00~14：30
公休日：一、8月中旬有10天
刷卡：Visa,Master
其他分店：60 rue Vieille du Temple 75004（3-a P68）
http://lachambreauxconfitures.com

一 二 三 四 五 六 日 美術館

Musée National Gustave Moreau

[myze.nasjɔnal.gystav.mɔro]

置身於莫羅的幻想和想像的世界

古斯塔夫·莫羅美術館是由19世紀的法國作家古斯塔夫·莫羅的宅邸改裝而成。從他生前住過的公寓可窺見當時的生活情景；挑高的畫室裝飾著他的畫作和生前蒐藏的藝術品。莫羅的畫風帶有魔幻色彩，主題源自希臘神話及聖經，讓人看得目眩神迷。

data

地址：14 rue de la Rochefoucauld 75009
電話：01 48 74 38 50
地鐵：Saint Georges⑫、Trinité d'Estienne d'Orves⑫
開館日：一、三、四 10：00～12：45／14：00～17：15、五～日 10：00～17：15
休館日：二、1/1、5/1、12/25　門票：全票5€、優待票3€
http://www.musee-moreau.fr

一 二 三 四 五 六 日 女裝

Vanina Escoubet

[vanina.ɛskubɛ]

巴黎的可愛成熟女裝

瓦妮娜小姐的女裝穿起來輕鬆舒適，可愛又迷人。擅於以絲緞或蕾絲等優雅的素材，搭配復古元素，營造獨特的魅力。質地輕柔的長版上衣、舒適好走的低跟鞋，都是回購率很高的人氣單品。

data

地址：1 rue Henry Monnier 75009
電話：01 42 74 31 42
地鐵：Saint Georges⑫
營業日：二～六 11：00～19：30
公休日：日、一、8月有2個星期
刷卡：Visa,Master
http://www.vaninaescoubet.com

一 二 三 四 五 六 日　法式料理

Au Clocher de Montmartre

[o.clɔʃe.də.mɔ̃martr]

店內的裝潢以黑色色調為主，氣氛沉穩。因地勢較高，如果從後面的窗戶往下望，可以將巴黎的街景盡收眼底。

店家自豪的漢堡，以及搭配康塔爾起士、西洋菜、酸豆橄欖醬3種蘸醬的油炸根莖類蔬菜，好吃到欲罷不能。

data

地址：10 rue Lamarck 75018
電話：01 42 64 90 23
地鐵：Anvers②
營業日：每天 12：00～22：30（日提供午餐到17：00、之後恢復一般菜單）
公休日：無休
刷卡：Visa,Master,Amex,JCB
價位：前菜8.5€、蛋料理6€～、肉類料理15€～、甜點9€
http://www.auclocherdemontmartre.fr

店家也自製百香果馬卡龍和巴黎花圈等的美味甜點。

蛋糕和塔類的份量十足

位於聖心堂附近的私房餐廳

站在居高臨下的聖心堂，可以鳥瞰巴黎全景，觀光人潮總是絡繹不絕。但走到離聖心堂只需2分鐘的拉馬克街，人潮便會一下子少了許多。「Au Clocher de Montmartre」便是一間位於這條靜謐的路上，只有內行人才知曉的私房餐廳。

店裡提供的沙拉或湯品、總匯三明治、牛排等菜色，乍看與一般小酒館提供的料理沒有兩樣，但看似簡單的菜餚，都是享譽巴黎美食界的名廚一愛德華·艾拉主廚所精心製作。為了提升漢堡排的滋味，主廚在牛肉裡混入了小羊肉，連絞肉也費心製作。廚房的陣容像個小型聯合國，掌管廚房的年輕日籍廚師島野雄先生等料理人員，和蒙馬特的氣質不謀而合，個個都非常親切。全時段供餐，或只想喝茶不用餐也可以，值得放入口袋名單中收藏。

一 二 三 四 五 六 日　麵包・甜點

Gontran Cherrier

[gɔ̃trɑ̃. ʃɛrie]

2012年夏天，日本的首間分店在東京・澀谷開幕了。

媒體關注的麵包店

Gontran出生於代代相傳的麵包世家，自然也走上麵包師傅這條路。跟隨著米其林三星主廚亞倫・帕薩德等人完成修業之後，2010年在蒙馬特自行開業。以身為麵包師傅而自豪的他，得意之作是加了穀物的棍子麵包（1.3€）。除傳統口味，也有加入紅味噌、咖哩或墨魚汁等的混搭風。店內白色的壁面營造出活潑明亮的氣氛；建議找個內用的位置坐下來，享用一份夾了滿滿餡料的圓麵包三明治或水果塔。

data

地址：22 rue Caulaincourt 75018
電話：01 46 06 82 66
地鐵：Blanche②、
　　　Lamarck Caulaincourt⑫
營業日：一～二、四～六 7:30～20:00、
　　　　日 8:00～20:00
公休日：三
刷卡：Visa,Master（10€～）
http://www.gontran-cherrier.com

二 三 四 五 六 日　包包・飾品

Sofkipeut

[sɔfkipø]

僅有一件，獨一無二的休閒包包

「Sofkipeut」的包包，全都是創意工作者蘇菲小姐親自設計。依照色彩、花色和素材的觸感巧妙搭配，對緞帶、扣子、口袋或刺繡的細節也不馬虎。色彩繽紛明亮，簡直是專為昂首闊步街頭的巴黎人量身設計。售價26€起。

data

地址：29 rue Véron 75018
電話：06 47 00 97 06
地鐵：Blanche②、Abbesses⑫
營業日：二～六 12：30～19：30、日 15：00～19：00
公休日：一、8月
刷卡：Visa,Master
http://www.sofkipeut-paris.com

一 二 三 四 五 六 日　飾品配件・生活雜貨

Tombées du Camion

[tɔ̃be.dy.kamjɔ̃]

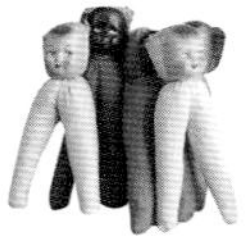

重溫兒時舊夢的考古學

本店蒐集於1920～1970年代的各種物品，皆是未曾使用的全新狀態。種類五花八門，造型可愛的玩具或飾品之外，及洋娃娃的眼珠等讓人發毛的小零件，歡迎來這盡情享受翻箱倒櫃的挖寶之樂。也許會激出靈光一閃的創意火花。

data

地址：17 rue Joseph de Maistre 75018
電話：09 81 21 62 80
地鐵：Blanche②
營業日：每天 13：00～20：00
公休日：無休
刷卡：Visa,Master
http://www.tombeesducamion.com

其他推薦好店

二 三 四 五 六 甜點・巧克力

Arnaud Larher

阿諾・拉耶

不論蛋糕、巧克力或馬卡龍，在正統的口味當中，帶有幾分獨特的個性。而在日本也擁有許多的忠實的日本粉絲。來自布列塔尼的Arnaud Larher先生，2007年曾獲得M.O.F.（法國最佳工藝師）的殊榮，製作焦糖奶油酥的技術深受肯定。

地址：53 rue Caulaincourt 75018
地鐵：Lamarck Caulaincourt⑫
營業日：二～六 10：00～19：30
公休日：日、一

一 二 三 四 五 六 日 散步景點

Villa Léandre

萊昂德爾別墅

從知名的煎餅磨坊餐廳走到Avenue Junot，再往下走到盡頭就是Villa Léandre。這棟是巴黎相當少見的諾曼式風格的美麗獨棟宅邸。四周綠意盎然，繁花盛開，洋溢著鄉村別墅的優雅氣息。

地址：Villa Léandre 75018
地鐵：Lamarck Caulaincourt⑫

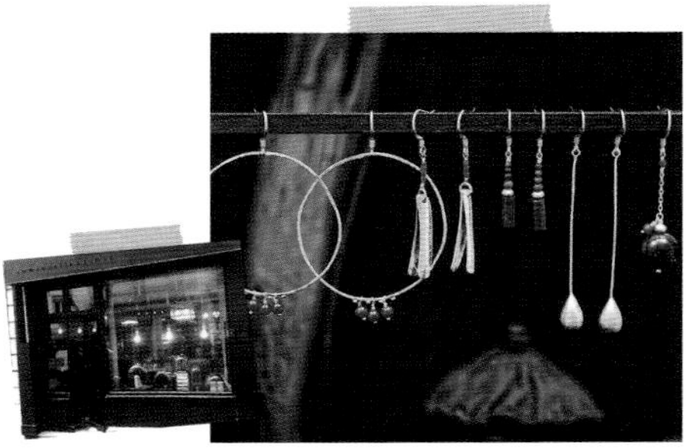

二 三 四 五 六 飾品

Emmanuelle Zysman

艾曼紐・齊斯曼

在巴黎土生土長的艾曼紐女士，以百搭風見長。簡潔美麗的珠寶，與任何風格的服飾都很合拍。選擇纖細的耳環或手鍊當作貼身飾品，更能增添幾分女人味。

地址：81 rue des Martyrs 75018
地鐵：Abbesses⑫
營業日：二～五 11：00～19：00、
六 12：00～20：00
公休日：日、一

蒙馬特的精選好物

樣式古典的藍色胸針，別在外套或貝蕾帽都很搶眼。8€（Tombées du Camion P95）

也可以順便帶支可愛的湯匙走。巧克力&芒果&椰子8.5€（La Chambre aux Confitures P90）

製作於1930年代的小型賽璐珞娃娃，臉上的五官以手工繪製，小巧玲瓏。
15€（Tombées du Camion P95）

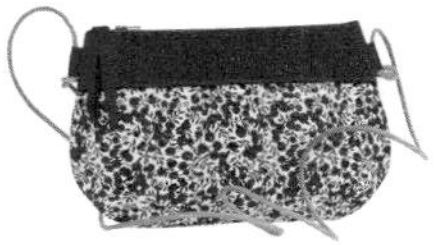

肩包和萬用袋兩用。造型可愛，使用起來也很方便。可任選喜歡的款式和顏色。46€（Sofkipeut P95）

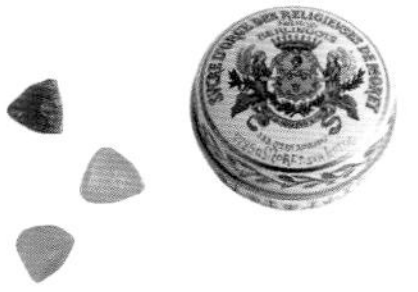

修女們用大麥糖製作而成的夾心糖果。罐子的圖案很漂亮。6.9€（金星糖果店 P82）

讓人會心一笑的創意，想在Thanks上多蓋幾球many都可以。13.75€（Le Rocketship P86）

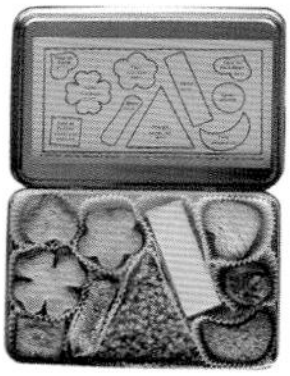

南法的餅乾老店－Le Petit Duc的綜合餅乾。190g15€

裝一大碗的咖啡歐蕾配早餐，邊吃邊回憶巴黎的好時光。約13.5€

外觀可愛，又能確實發揮保冷效果的野餐籃。約45€

Champs Elysées

香榭麗舍

變化多端的巴黎象徵

走在香榭麗舍大道，眺望著凱旋門，有一種「真的來到巴黎」的感受。這幾年，如「H&M」和「ZARA」等平價時尚店，在精品店櫛比鱗次的香榭麗舍大道上逐漸活躍起來。

一週日程表

1
休：小皇宮（P98）

2
無

3
無

4
營：郵票市場（P99）

5
無

6
營：郵票市場（P99）

日
營：5-a介紹的所有店家／郵票市場（P99）

基本景點 5-a

凱旋門

從凱旋門上俯視香榭麗舍，景緻格外不同。

data：place de Charles de Gaulle 75008／Charles de Gaulle Etoile①②⑥／每天10：00～23：00（10-3月到22：30）／（休）1/1, 5/1, 5/8上午, 7/14上午,11/11上午,12/25／9.5€、（優待票）6€

拉杜蕾

營業至深夜，可以隨時走進高雅華麗的店內，享用馬卡龍和蛋糕。

data：75 avenue des Champs Elysées 75008／George V ①／一～五 7：30～23：00、六 7：30～24：00、日 7：30～22：00／無休

小皇宮／大皇宮

因應1900年的巴黎萬國博覽會所建，目前已改為美術館。

data：avenue Winston Churchill 75008／Champs Elysées Clémenceau／（小）二～日 10:00～18:00／（休）星期一、國定假日／常設展免費／（大）只有企劃展期間開館

路易威登旗艦店

外觀帶有濃濃裝飾藝術風格的香榭麗舍旗艦店，在2008年重新改裝。

data：101 avenue des Champs Elysées 75008／George V ①／每天10：00～20：00（星期日-19：00）／（休）1/1, 5/1, 12/25

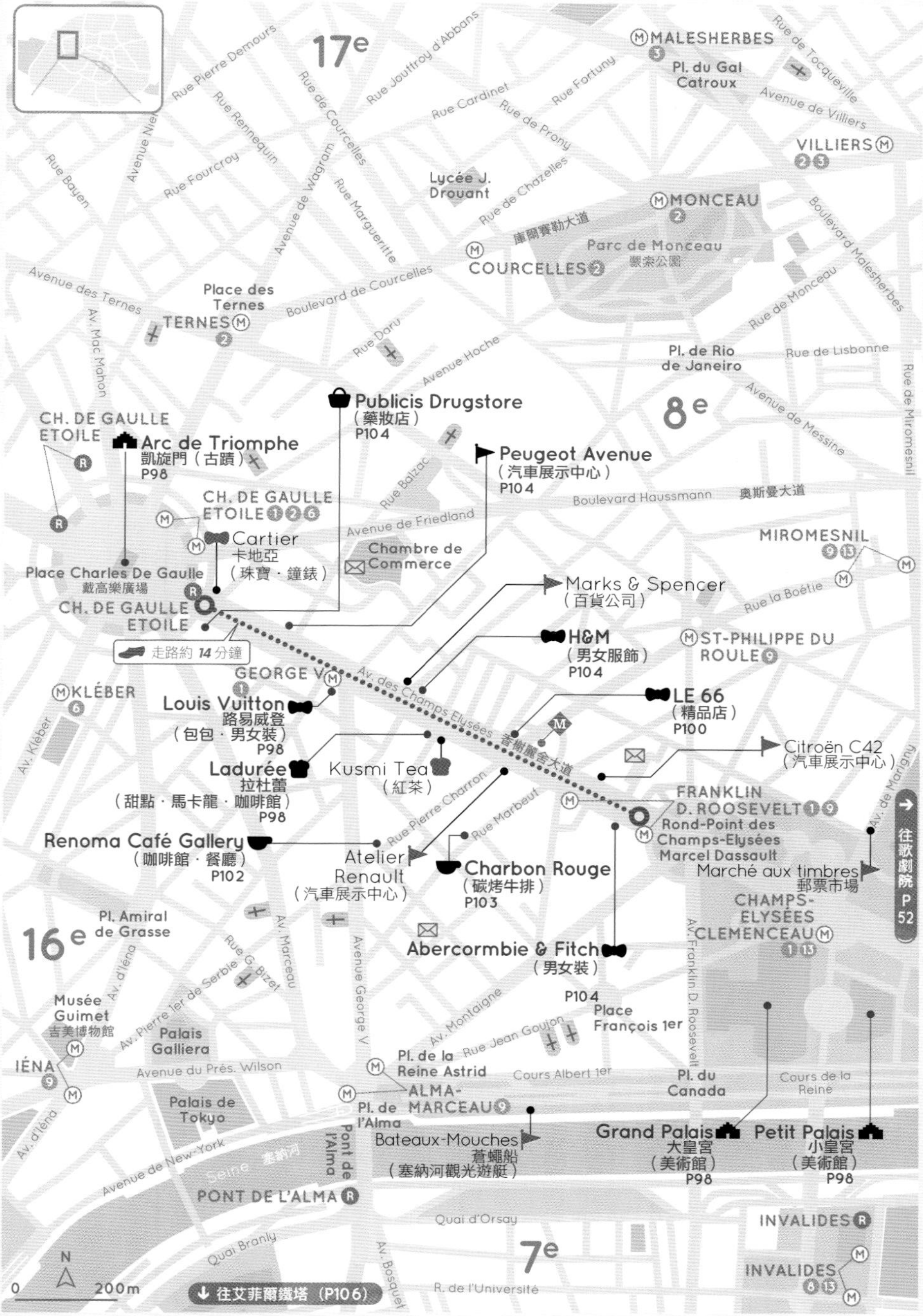
17e
8e
16e
7e
MALESHERBES
Pl. du Gal Catroux
VILLIERS
MONCEAU
Parc de Monceau
蒙索公園
COURCELLES
庫爾賽勒大道
Lycée J. Drouant
Place des Ternes
TERNES
CH. DE GAULLE ETOILE
Arc de Triomphe
凱旋門（古蹟）
P98
Publicis Drugstore
（藥妝店）
P104
Peugeot Avenue
（汽車展示中心）
P104
Pl. de Rio de Janeiro
Boulevard Haussmann
奧斯曼大道
MIROMESNIL
Cartier
卡地亞
（珠寶・鐘錶）
Place Charles De Gaulle
戴高樂廣場
Chambre de Commerce
Marks & Spencer
（百貨公司）
H&M
（男女服飾）
P104
ST-PHILIPPE DU ROULE
走路約 14 分鐘
GEORGE V
KLÉBER
Louis Vuitton
路易威登
（包包・男女裝）
P98
LE 66
（精品店）
P100
Ladurée
拉杜蕾
（甜點・馬卡龍・咖啡館）
P98
Kusmi Tea
（紅茶）
Citroën C42
（汽車展示中心）
Av. des Champs Elysées
香榭麗舍大道
FRANKLIN D. ROOSEVELT
Rond-Point des Champs-Elysées Marcel Dassault
Renoma Café Gallery
（咖啡館・餐廳）
P102
Atelier Renault
（汽車展示中心）
Charbon Rouge
（碳烤牛排）
P103
Marché aux timbres
郵票市場
往歌劇院 P52
CHAMPS-ELYSÉES CLEMENCEAU
Pl. Amiral de Grasse
Abercormbie & Fitch
（男女裝）
P104
Place François 1er
Musée Guimet
吉美博物館
Palais Galliera
IÉNA
Pl. de la Reine Astrid
ALMA-MARCEAU
Pl. du Canada
Palais de Tokyo
Pl. de l'Alma
Pont de l'Alma
Bateaux-Mouches
蒼蠅船
（塞納河觀光遊艇）
Grand Palais
大皇宮
（美術館）
P98
Petit Palais
小皇宮
（美術館）
P98
Seine 塞納河
PONT DE L'ALMA
Quai d'Orsay
Quai Branly
INVALIDES
R. de l'Université
N
0 200m
往艾菲爾鐵塔（P106）

一 二 三 四 五 六 日 概念店

LE 66

[lə.swasɑ̃tsis]

之前是汽車零件專賣店，
所以空間十分寬廣。

商品的陳列一目瞭然，
看起來賞心悅目。

任何季節隨時都有新貨上架，讓愛漂亮的巴黎人，有機會不定時來「巡店」。

data

地址：66 avenue des Champs Elysées 75008
電話：01 53 53 33 80
地鐵：Franklin D.Roosevelt①⑨
營業日：一～五 11：30～20：30、六 11：30～21：00、日 13：00～20：00（冬季提早30分鐘打烊）
公休日：無休（除了1/1,5/1,12/25）
刷卡：Visa,Master,Amex
http://www.le66.fr

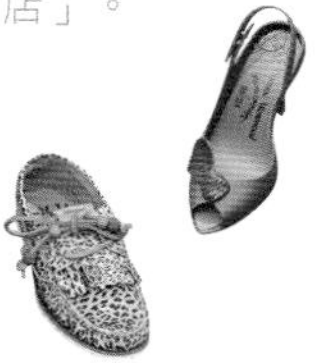

一網打盡巴黎流行的概念店

正如店名所示，這間概念店以龐然巨物之姿坐落於香榭麗舍大道66號。隱身於不起眼的拱廊之中和華麗的大道呈現強烈的對比，很容易不注意就擦身而過。或許知道的人並不是很多，不過，還是很推薦大家親自走一趟的地方。此店佔地寬廣，分為上下兩層，品項包羅萬象，有男女服飾、包包、鞋子、飾品、骨董衣等巴黎最夯的流行品牌。一樓的主力是店家精選的鞋子、包包和飾品。走到後方下了樓梯，映入眼簾的是滿坑滿谷的各種服飾。包括正式或休閒兩用的外套、洋裝、設計簡潔的T恤或褲子，都是漂亮好穿的實用單品。從名牌到創意品牌，能滿足各種場合的要求是這間店最大的魅力。另外，男裝的品牌也很豐富，有男伴同行的話，一定能一起逛得十分盡興。

一 二 三 四 五 六 日 咖啡館・餐廳

Renoma Café Gallery

[rɛnɔma.kafe.galri]

兼具藝術與時尚氣息的咖啡餐館

於2001年開幕，但從2011年經巴黎老字號的夜總會「瘋馬」創業者的孫子阿爾弗雷多先生妙手改造，愈發光彩奪目。廣大的店內分為舒適的沙發席和桌椅席；明顯的座位區隔，大受各個客層的歡迎，帶小孩的家庭族群、商務人士或觀光客都很捧場。牆上展示的藝術作品會定期更換主題、店內中央設有Renoma的商品展示區，時尚又輕鬆的氛圍、全時段供餐等，都是本店備受歡迎的特色。料理的選項也非常豐富，有法式獨有的鵝肝醬、義大利麵、美式凱薩沙拉等，相信在這裡每個人都能找到自己喜愛的料理。

©Francis Amiand

運用巧思提供搭配法式料理為主的國際化的餐點。左邊是凱薩沙拉（16€）。

data

地址：45 rue Pierre Charron 75008
電話：01 47 20 46 19
地鐵：GeorgeV①
營業日：一～六 12：00～23：00、
日 早午餐12：00～16：00
公休日：1/1,12/25,8月有10天
刷卡：Visa,Master,Amex
價位：平日午餐2道菜＋葡萄酒或咖啡23€
http://www.renoma-cafe-gallery.com

一 二 三 四 五 六 日　碳烤牛排

Charbon Rouge

紅色木炭 [ʃarbɔ̃.ruʒ]

最適合想大口吃肉的人

又硬又重的優質阿根廷木炭，能夠避免肉質變得焦苦，還能帶出肉質的甜味。

「Charbon Rouge」是由朱利安和費爾南達共同合夥經營。這兩位店主只要提到「牛肉」兩個字，話匣子就關不了，對牛肉的熱情一表無遺。連木炭也精挑細選過的碳烤牛排餐廳，並且嚴選來自全世界首屈一指的美味熟成肉品，例如阿根廷、美國、紐西蘭，及法國夏洛利牛。店內的菜色走國際化路線，提供美式蟹肉餅和秘魯的醃漬海鮮（Ceviche），當然也少不了法國的火烤卡門貝爾起司。葡萄酒的種類也相當豐富，從世界5大洲精選的120種佳釀，作為牛排的佐餐良伴。價格合理的午間套餐值得細嚐。

data

地址：25 rue Marbeuf 75008
電話：01 40 70 09 00
地鐵：Franklin D.Roosevelt①⑨
營業日：每天 12：00～23：00
公休日：8月中旬有1個星期
刷卡：Visa,Master,Amex
價位：午餐2道菜＋咖啡23.5€、
3道菜＋咖啡28€
http://wwww.charbonrouge.com

其他推薦好店

一 二 三 四 五 六 日　藥妝店

Publicis Drugstore

販售簡餐和藥品等品項豐富，營業時間長且提供免費廁所，對遊客很方便。

地址：133 avenue des Champs Elysées 75008
地鐵：GeorgeV①
營業日：每天 8：00～26：00（餐廳、菸酒、書報、食品、藥局）、11：00～23：30（酒、雪茄、化妝品）
公休日：無休

一 二 三 四 五 六 日　男女服飾

H&M

2010年10月開幕的香榭麗舍旗艦店，由法國代表性建築師Jean Nouvel所設計，將巴黎的街頭納入設計考量，用石材營造出沉穩俐落的風格。

地址：88 avenue des Champs Elysées 75008
地鐵：GeorgeV①
營業日：每天 10：00～24：00
公休日：無休（除了1/1,5/1,12/25）

一 二 三 四 五 六 日　男女服飾

Abercrombie & Fitch

原貴族宅邸的香榭麗舍大道23號，2011年成為A&F旗艦店。大打俊男和香水的知名潮牌，行銷手法獨樹一幟。要有排隊的心裡準備。

地址：23 avenue des Champs Elysées 75008
地鐵：Franklin D.Roosevelt①⑨
營業日：一～六 10：00～20：00、
日 11：00～19：00
公休日：無休（除了1/1,5/1,12/25）

一 二 三 四 五 六 日　標緻汽車展示中心

Peugeot Avenue

香榭麗舍汽車展示中心中，最受歡迎的就是Peugeot。從最新的概念車到古典車款一應俱全。來到這裡賞車，可以更了解標緻汽車和法國的汽車史。另設有汽車周邊商品區。

地址：136 avenue des Champs Elysées 75008
地鐵：GeorgeV①
營業日：每天 10：30～20：00（四～六到23點）
公休日：無休

香榭麗舍的精選好物

拉杜蕾首創用兩片杏仁小圓餅將內餡夾起的作法。1個馬卡龍1.85€（拉杜蕾 P98）

富有歷史色彩的人氣車款的迷你車。適合送給喜歡車子的男友或小朋友。3€（標緻汽車展示中心 P104）

散發紅蘿蔔柑橘、番茄羅勒、薑汁南瓜的香味的香氛蠟燭。62€（拉杜蕾 P98）

象徵標緻汽車的雄獅商標，意味著「耐磨、有彈性、所向無阻」。2.5€（標緻汽車展示中心 P104）

巴黎鐵塔造型的義大利麵。回國後，還能繼續品味巴黎也是一大享受。4.95€（Publicis Drugstore P104）

俄國大革命逃出後，在巴黎重新開枝散葉的紅茶老店。罐子的圖案很精美。125g14.5€（Kusmi Tea P99）

蒙布朗名店Angelina出品的薄餅點心。80g裝6€（Publicis Drugstore P104）

歷史比汽車製造更為悠久的胡椒研磨罐。磨刀永久保固。19€（標緻汽車展示中心 P104）

9種口味的夾心薄巧克力片。9.8€（Publicis Drugstore P104）

Tour Eiffel

艾菲爾鐵塔

艾菲爾鐵塔的下方是美食眾多的高級地段

艾菲爾鐵塔的下方是有著別緻美食的高級地段不論何處都能眺望艾菲爾鐵塔，政府機關和大使館都集中於此，是屬於氣氛優雅的高級住宅區。

一週日程表

一

休：羅丹美術館（P106）／榮軍院（P106）
第1個星期一／布朗利美術館（P107）

二

無

三

營：羅丹美術館（～20：45／P106）

四

營：布朗利河岸博物館（～21：00／P107）

五

營：布朗利河岸博物館（～21：00／P107）

六

營：布朗利河岸博物館（～21：00／P107）

日

營：艾菲爾鐵塔展望台和餐廳每天營業

基本景點 6-a

艾菲爾鐵塔

完成於1889年的「巴黎貴婦」。

data：avenue Gustave Eiffel 75007／Bir Hakeim⑥／6/15～9/1 9：00-24：00、9/2～6/14 9：30-23：00／無休／電梯到2樓8.5€、塔頂14€、爬樓梯5€

榮軍院

拿破崙的陵墓兼軍事博物館。

data：129 rue de Grenelle 75007／La Tour Maubourg⑧／4/1～10/31 10-18：00、11/1～3/31 10-17：00（10～6月的第1個星期一只開放圓頂建築和教堂）／9€、（優待票）7€

羅丹美術館

名作「沉思者」等眾多羅丹的雕像和宜人的庭園很受歡迎。

data：79 rue de Varenne 75007／Varenne⑬／二～日 10：00～17：45（三-20：45）／（休）一,1/1,5/1,12/25／9€、（優待票）5€

聖多米尼克路

人氣餐廳和美味店家的大本營。堪稱左岸第一的「美食街」。

data：rue Saint Dominique 75007／La Tour Maubourg⑧

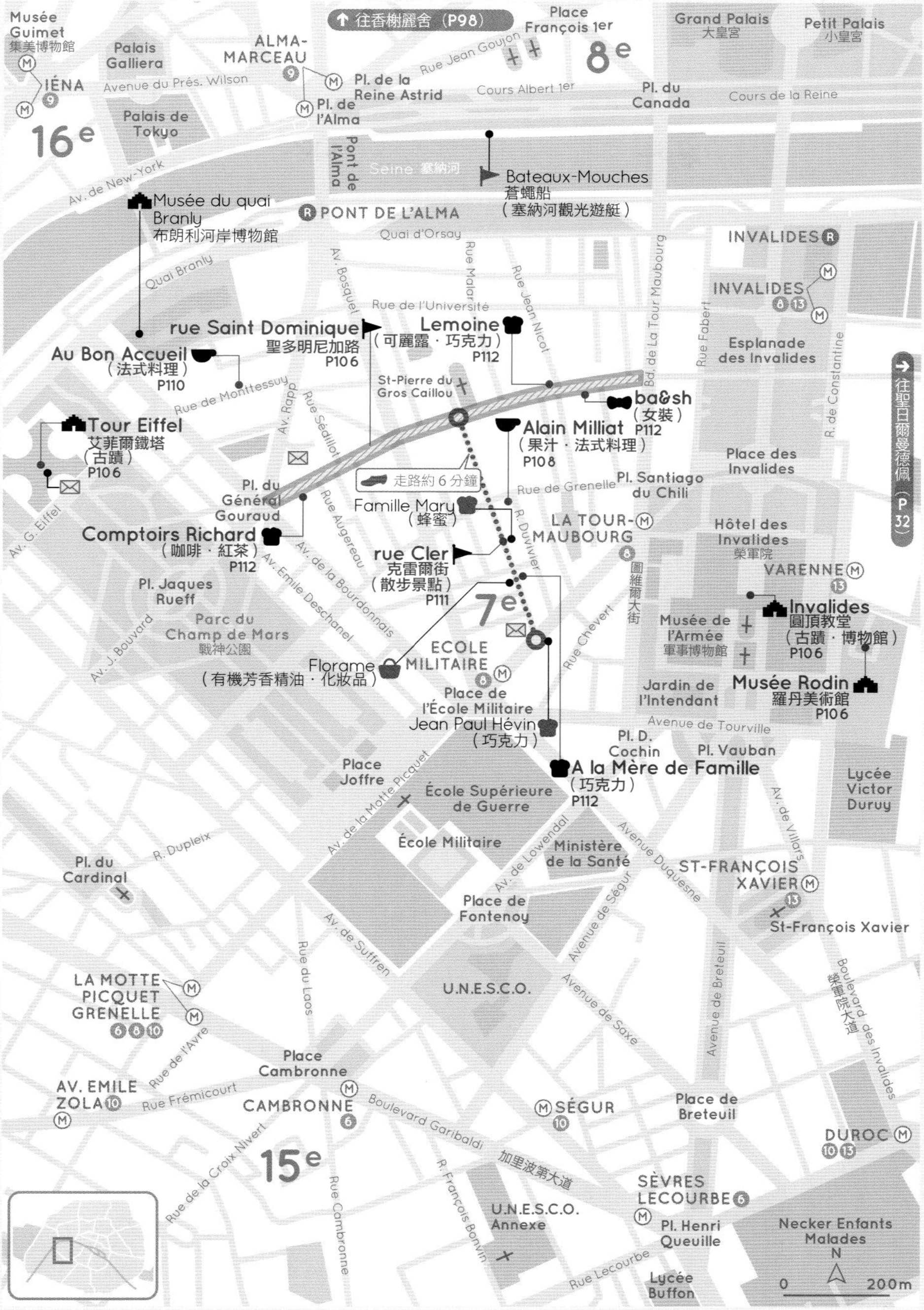
往香榭麗舍（P98）
Musée Guimet 集美博物館
Palais Galliera
ALMA-MARCEAU
IÉNA
Palais de Tokyo
16e
Pl. de la Reine Astrid
Pl. de l'Alma
Place François 1er
8e
Grand Palais 大皇宮
Petit Palais 小皇宮
Pl. du Canada
Cours Albert 1er
Cours de la Reine
Rue Jean Goujon
Avenue du Prés. Wilson
Pont de l'Alma
Seine 塞納河
Bateaux-Mouches 蒼蠅船（塞納河觀光遊艇）
Av. de New-York
Musée du quai Branly 布朗利河岸博物館
PONT DE L'ALMA
Quai d'Orsay
INVALIDES
Quai Branly
Av. Bosquet
Rue Malar
Rue Jean Nicot
Bd. de La Tour Maubourg
Rue Fabert
Rue de l'Université
rue Saint Dominique 聖多明尼加路 P106
Lemoine（可麗露・巧克力）P112
Esplanade des Invalides
R. de Constantine
往聖日爾曼德佩（P32）
Au Bon Accueil（法式料理）P110
Rue de Montessuy
St-Pierre du Gros Caillou
ba&sh（女裝）P112
Tour Eiffel 艾菲爾鐵塔（古蹟）P106
Av. Rapp
Rue Sédillot
Alain Milliat（果汁・法式料理）P108
走路約 6 分鐘
Place des Invalides
Rue de Grenelle
Pl. Santiago du Chili
Pl. du Général Gouraud
Famille Mary（蜂蜜）
Av. G. Eiffel
Comptoirs Richard（咖啡・紅茶）P112
Rue Augereau
R. Duvivier
LA TOUR-MAUBOURG
Hôtel des Invalides 榮軍院
rue Cler 克雷爾街（散步景點）P111
Av. de la Bourdonnais
Av. Emile Deschanel
圖維爾大街
VARENNE
Pl. Jaques Rueff
Parc du Champ de Mars 戰神公園
7e
Musée de l'Armée 軍事博物館
Invalides 圓頂教堂（古蹟・博物館）P106
Av. J. Bouvard
ECOLE MILITAIRE
Rue Chevert
Florame（有機芳香精油・化妝品）
Place de l'École Militaire
Jardin de l'Intendant
Musée Rodin 羅丹美術館 P106
Jean Paul Hévin（巧克力）
Avenue de Tourville
Pl. D. Cochin
Pl. Vauban
Place Joffre
A la Mère de Famille（巧克力）P112
École Supérieure de Guerre
Lycée Victor Duruy
Av. de la Motte Picquet
École Militaire
Ministère de la Santé
Av. de Lowendal
Avenue Duquesne
Av. de Villars
R. Dupleix
Pl. du Cardinal
ST-FRANÇOIS XAVIER
Place de Fontenoy
Avenue de Ségur
St-François Xavier
Av. de Suffren
Rue du Laos
U.N.E.S.C.O.
Avenue de Saxe
Avenue de Breteuil
Boulevard des Invalides 榮軍院大道
LA MOTTE PICQUET GRENELLE
Rue de l'Avre
Place Cambronne
AV. EMILE ZOLA
Rue Frémicourt
CAMBRONNE
Boulevard Garibaldi 加里波第大道
SÉGUR
Place de Breteuil
DUROC
Rue de la Croix Nivert
15e
Rue Cambronne
R. François Bonvin
SÈVRES LECOURBE
U.N.E.S.C.O. Annexe
Pl. Henri Queuille
Necker Enfants Malades
Rue Lecourbe
Lycée Buffon
N
0 200m

一 二 三 四 五 六 日 果汁 · 法式料理

Alain Milliat

[alɛ̃.milia]

用諾曼第蘋果製作的
Pomme Cox's最受歡迎

重新發現純粹滋味有多麼美好的果醬或果汁，設計簡潔的漂亮瓶身和標籤，是熱銷的原因之一。

用精選的水果製作果汁和果醬

店主在法國古都里昂近郊一個名為Orliénas的小鎮當了15年的果農後，在巴黎7區開了這間店鋪兼餐廳。以往只有在高級飯店和時髦咖啡廳才喝得到的果汁，在這裡每一種口味都品嚐得到。果汁的原料來自Alain先生精心挑選的成熟果實，美味被完整保留，喝起來和市面上的果汁截然不同。水果的種類包括蘋果、覆盆子、香蕉、黑醋栗等，非常豐富。瓶身的貼標特別註明適合早餐、適合早午餐等說明，一看就知道何時是最佳飲用時段。店家從早上8點營業，提供濃醇的果汁，還有新鮮果醬搭配現烤麵包；午餐和晚餐時段則由具備星級餐廳經驗的主廚，精心烹調獨創的法式料理。到了下午茶時段，來這裡點杯冰涼的果汁解解渴也不錯。餐廳全時段供餐很方便。

data

地址：159 rue de Grenelle 75007
電話：01 45 55 63 86
地鐵：La Tour Maubourg⑧
營業日：二～六 8：00～22：00、
日 11：00～22：00（早午餐從15點～）
公休日：一、8月
刷卡：Visa,Master,Amex
價位：早餐9€、午餐2道菜22€、3道菜28€、
晚餐2道菜29€、3道菜36€、老饕套餐55€
http://www.alain-milliat.com

一 二 三 四 五 法式料理

Au Bon Accueil

[o.bɔ̃.nakœj]

提供高貴不貴的正統法式料理

艾菲爾鐵塔一帶雖然貴為巴黎的一級觀光景點，餐廳的選擇卻出乎意料的少。因此，位於鐵塔附近，氣氛高雅、價格合理的「Au Bon Accueil 」，便顯得彌足珍貴了。店家堅持使用當季食材，提供道地的法式料理；傳統口味加入創新的巧思，不但深獲當地的顧客好評，觀光客的接受度也高。作者進行採訪時，在餐廳嚐到的燻鮭魚非常美味，而更讓人驚艷的是，連搭配的蔬菜（綠花椰菜、蘆筍、萵苣）也各有不同的調味，其費心的程度真叫人感動。主廚是日籍的北村啟太先生，曾追隨米其林3星主廚Pierre Gagnaire等人修業。

天氣好的話，建議大家可以坐在看得到艾菲爾鐵塔的露天座位享用午餐。

data

地址：14 rue de Monttessuy 75007
電話：01 47 05 46 11
地鐵：RER C線Pont de l'Alma、Ecole Militaire⑧
營業日：一～五12：00～14：30／19：00～22：30
公休日：六、日、8月有3個星期
刷卡：Visa,Master,Amex
價位：午晚3道菜32€
http://www.aubonaccueilparis.com

一 二 三 四 五 六 日 ▶ 散步景點

rue Cler

克雷爾街 [ry.clɛr]

最受在地人青睞的美食天堂

聖多米尼克路位於榮軍院和艾菲爾鐵塔之間，對遊客來説並不陌生；不過，如果往南走到克雷爾街，會發現這裡隱藏著眾多美食。露天咖啡館和小酒館坐滿了有説有笑的當地人；短短的一條街，林立著各種商店，有店頭堆滿新鮮蔬菜水果的蔬果店、蜂蜜專賣店「Familleary」、糖果店「A la Mére de Famille」（P112）、精油專賣店「Florame」、「Pitit Bateau」等。和克雷爾街相連的戰神廣場，也有以奶油聞名的「Marie Anne Cantin」、獨具特色的馬卡龍「Christophe Roussel」，錯過就可惜了。

不論坐在露天座位談笑的年輕人，還是帶著愛犬散步，順便去洗衣店的太太…。在這裡，可以充分感受到當地居民最真實的生活氣息。

data

地址：rue Cler 75007
地鐵：Ecole Militaire⑧

其他推薦好店

一 二 三 四 五 六　女裝

ba&sh

由兩位女性開創的巴黎品牌。搭配在任何場合都顯得得體有型。俐落線條、色彩百搭、別出心裁的剪裁都是吸引人的特點。特別推薦洋裝和外套。

地址：81 rue Saint Dominique 75007
地鐵：La Tour Maubourg⑧
營業日：一～六 10：30～19：30
公休日：日

一 二 三 四 五 六 日　可麗露．巧克力

Lemoine 樂穆瓦尼

創業於18世紀的老店。位於巴黎的分店，遵照波爾多總店的配方，每早提供剛出爐的可麗露。只要嚐過一次，外脆內軟的口感、香草的甜蜜滋味保證讓人從此上癮。

地址：74 rue Saint Dominique 75007
地鐵：La Tour Maubourg⑧
營業日：每天 8：30～20：00（11：00～11：40之間，有時配合進貨而暫停營業）
公休日：無休

一 二 三 四 五 六 日　巧克力

A la Mère de Famille
媽媽甜點鋪

巴黎歷史最悠久的糖果店創業於1761年。推薦入口即溶的薄巧克力片「Palets de Montmartre」和外層裹了巧克力的堅果「Les Folies de l'Ecureuil」。

地址：47 rue Cler 75007
地鐵：Ecole Militaire⑧
營業日：一～六 9：30～19：30（一從13：00～）星期日、國定假日10：00～13：00
公休日：無休（除了1/1）

一 二 三 四 五 六　咖啡．紅茶

Comptoirs Richard
理查櫃檯

1892年創業的老字號咖啡店。除了咖啡豆和紅茶，還有款式精美的茶壺、杯碟及巧克力和各種形狀的方糖，讓下午茶時光增色不少。

地址：145 rue Saint Dominique 75007
地鐵：Ecole Militaire⑧
營業日：二～六 10：00～19：30
公休日：日、一

艾菲爾鐵塔的精選好物

好像感覺直接品嘗新鮮野莓的甘露，味道濃郁鮮美。33cl 3.8€（Alain Milliat　P108）

有花朵、星星、月亮等造型各異的方糖。Méli-Mélo 11€（理查櫃檯 P112）

迷你尺寸的可麗露搭配紅茶或咖啡都很對味。Bebe Canale15入 12€（樂穆瓦尼 P112）

6罐裝的迷你果醬組合。口味有草莓、桃子等可挑選。9€（Alain Milliat P108）

侏羅山的野花蜂蜜，味道香濃滑順。230g5.7€（Famille Mary P111）

包裹著巧克力的杏仁豆和榛果。150g9.4€（媽媽甜點鋪　P112）

利用各種水果製作的卡里頌杏仁餅。30顆裝18€（媽媽甜點鋪 P112）

添加檸檬草等精油的有機防蚊噴霧。13.3€（Florame P111）

盒裝巧克力，外包裝描繪巴黎的許多知名景點。綜合口味85g14€（媽媽甜點鋪 P112）

Centre Pompidou / Hôtel de Ville
龐畢度中心／巴黎市政廳

藝術與美食雙重饗宴之區

以大膽的配色和獨特設計而飽受爭議的龐畢度中心，現在已成為這一區的代名詞。巴黎市政廳主辦的免費展覽非常受歡迎。

一週日程表

一
無

二
休：龐畢度中心（P114）

三
營：BHV（～21：00／P114）

四
營：龐畢度中心展廳1&2（～23：00／P114）／聖厄斯塔許市集（P115）

五
無

六
營：BHV（～20：00／P114）

日
營：聖厄斯塔許市集（P115）
休：巨鹿拱廊街介紹的所有店家／BHV（P114）

基本景點 7-a

龐畢度中心

繪畫、電影、音樂與現代藝術的藝術殿堂。

data：place Georges Pompidou 75004／Hôtel de Ville①⑪、Rambuteau⑪／三～一 11：00～21：00（四-23：00）／（休）二,5/1/11～13€、（優待票）9～10€

巴黎市政廳

19世紀新文藝復興風格的建築。

data：place de l'Hôtel de Ville 75004／Hôtel de Ville①⑪／免費展覽、三～一 10：00～19：00／（休）日、國定假日／免費

BHV

從木工用品到流行精品都一應俱全的百貨公司。

data：52 rue de Rivoli 75004／Hôtel de Ville①⑪／一～六 9：30～19：30（三-21：00,六-20：00）／（休）日、國定假日

巨鹿拱廊街

陽光從玻璃天花板灑落至美麗拱廊街，從19世紀保留至今。販售許多飾品、生活雜貨、美術品等店的家，相當吸睛。

data：passage du Grand Cerf 75002／Etienne Marcel④

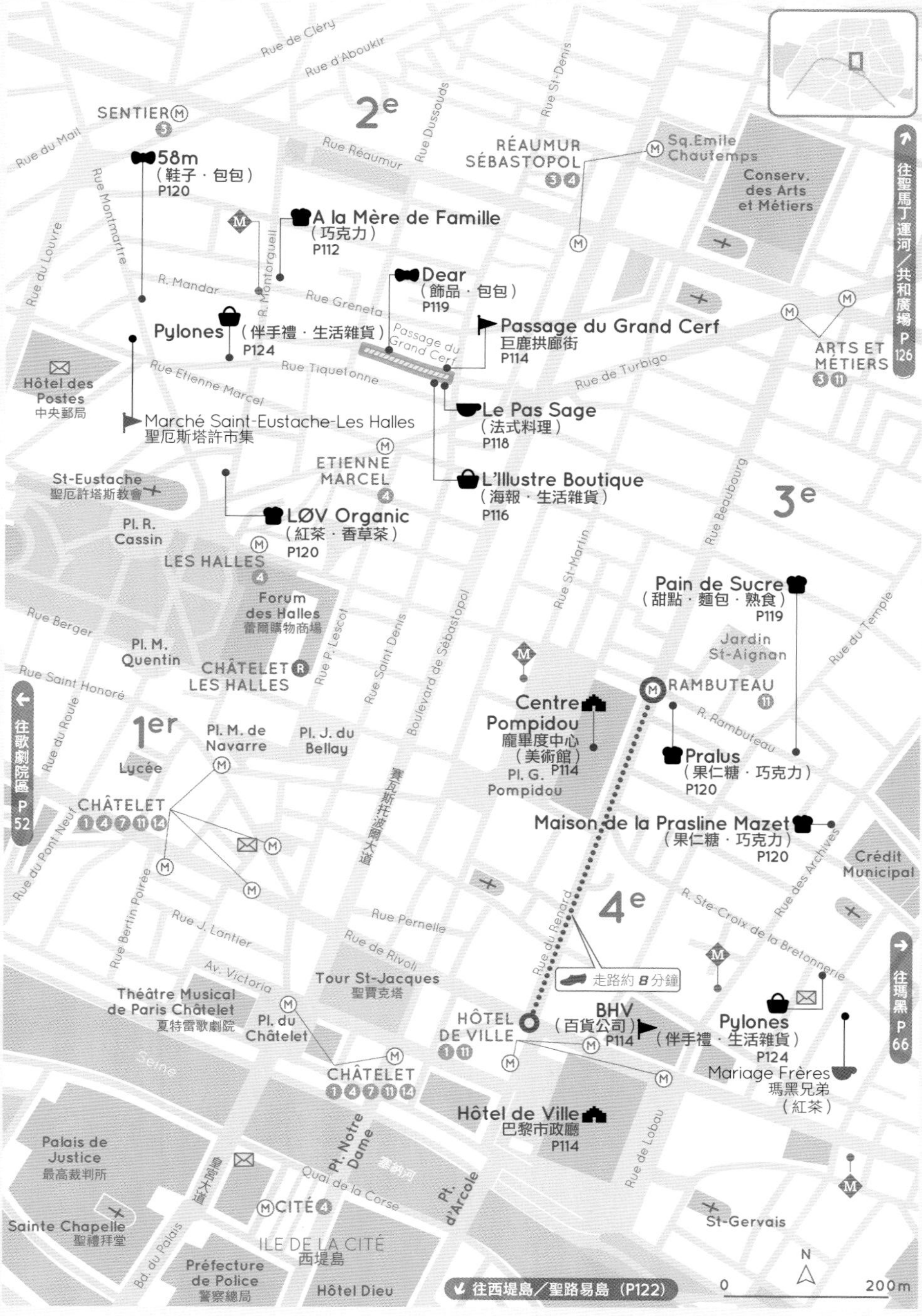
58m
（鞋子．包包）
P120
A la Mère de Famille
（巧克力）
P112
Dear
（飾品．包包）
P119
Pylones（伴手禮．生活雜貨）
P124
Passage du Grand Cerf
巨鹿拱廊街
P114
Le Pas Sage
（法式料理）
P118
Marché Saint-Eustache-Les Halles
聖厄斯塔許市集
L'Illustre Boutique
（海報．生活雜貨）
P116
LØV Organic
（紅茶．香草茶）
P120
Pain de Sucre
（甜點．麵包．熟食）
P119
Centre Pompidou
龐畢度中心
（美術館）
P114
Pralus
（果仁糖．巧克力）
P120
Maison de la Prasline Mazet
（果仁糖．巧克力）
P120
走路約 8 分鐘
BHV
（百貨公司）
P114
Pylones
（伴手禮．生活雜貨）
P124
Mariage Frères
瑪黑兄弟
（紅茶）
Hôtel de Ville
巴黎市政廳
P114
2e
3e
4e
1er
SENTIER
RÉAUMUR SÉBASTOPOL
ARTS ET MÉTIERS
ETIENNE MARCEL
LES HALLES
CHÂTELET LES HALLES
CHÂTELET
RAMBUTEAU
HÔTEL DE VILLE
CITÉ
Sq.Emile Chautemps
Conserv. des Arts et Métiers
Hôtel des Postes
中央郵局
St-Eustache
聖厄許塔斯教會
Pl. R. Cassin
Forum des Halles
蕾爾購物商場
Pl. M. Quentin
Pl. M. de Navarre
Pl. J. du Bellay
Lycée
Jardin St-Aignan
Pl. G. Pompidou
Crédit Municipal
Tour St-Jacques
聖賈克塔
Théâtre Musical de Paris Châtelet
夏特雷歌劇院
Pl. du Châtelet
Palais de Justice
最高裁判所
Sainte Chapelle
聖禮拜堂
Préfecture de Police
警察總局
ILE DE LA CITÉ
西堤島
Hôtel Dieu
St-Gervais
Seine
塞納河
Rue de Cléry
Rue d'Aboukir
Rue Dussoubs
Rue St-Denis
Rue du Mail
Rue Réaumur
Rue Montmartre
Rue du Louvre
R. Mandar
R. Montorgueil
Rue Greneta
Passage du Grand Cerf
Rue Tiquetonne
Rue Etienne Marcel
Rue de Turbigo
Rue Beaubourg
Rue St-Martin
Rue du Temple
Rue Berger
Rue Saint Honoré
Rue P. Lescot
Rue Saint Denis
Boulevard de Sébastopol
賽瓦斯托波爾大道
R. Rambuteau
Rue du Roule
Rue du Pont Neuf
Rue Bertin Poirée
Rue J. Lantier
Av. Victoria
Rue Pernelle
Rue de Rivoli
Rue du Renard
R. Ste-Croix de la Bretonnerie
Rue des Archives
Rue de Lobau
Pt. Notre Dame
Pt. d'Arcole
Quai de la Corse
Bd. du Palais
西堤島大道
往聖馬丁運河／共和廣場 P126
往歌劇院區 P52
往瑪黑 P66
往西堤島／聖路易島（P122）
N
0
200m

二 三 四 五 六 海報 · 生活雜貨

L'Illustre Boutique

[lilystr.butik]

匯集許多法國創作者
極具巧思的作品。

內裝的巧思
也很多

瑪格莉特小姐雖然並非專業插畫家出身，但是眼光好得沒話說。

data

地址：1 passage du Grand Cerf 75002
電話：01 77 16 35 82
地鐵：Etienne Marcel④
營業日：二～六 12：00～19：00
公休日：日、一、8月
刷卡：Visa,Master
http://lillustreboutique.over-blog.com

歡迎光臨插畫的異想世界

巴黎的畫廊雖多，但是專營插圖的店家卻很少，即使有，走的也都是強調「僅此一件」的高價路線。2011年2月開幕的「L'Illustre Boutique」，雖然經手的也是張數限定、版次和限量簽名的插畫，價格卻相對親和，稱得上是難能可貴的好店。店主瑪格莉特小姐精挑細選的，都是表現夢境或抽象世界的詩意作品，例如以單色畫為特徵的Marie Wagner、描繪可愛彩色動物的Les Vieux Ours、以鮮明的原色系和獨創造型為最大魅力的Séverin Millet等。多屬於沒有隔閡感卻還是保有十足藝術性的作品，絕對會有種很想馬上掛在房間當裝飾的感覺。不含裱框的價格從50€起。除此之外，店裡也販售風格和插畫近似的飾品、筆記本、卡片和座墊等商品。其中，更以LN La Chouette細緻的剪紙畫讓人一見傾心。如果對法國的原創商品有興趣，歡迎到這裡看看。

一 二 三 四 五 六 法式料理

Le Pas Sage

[lə.pa.saʒ]

位於拱廊街入口的精緻小館

來自隆河谷地的店主弗羅里安先生師出Paul Bocuse廚藝學校，也曾經在艾倫．杜卡斯三星名廚手下學藝。深諳餐廳經營之道的他，2010年開了這間希望能深受當地人喜愛的小餐館「Le Pas Sage」。弗羅里安先生精選隆河谷地的葡萄酒和上等的生鮮食材，提供多道美味料理，例如鋪著生鵝肝薄片的開口三明治等，皆是能突顯出食材美味的佳餚。內斂時尚的裝潢，甚至曾吸引媒體登門採訪。店內提供免費的wifi，顧客也可以自行在櫃台替iPhone和Blackberry充電。

以奧文尼知名的香腸特製的熱狗堡和血腸漢堡。

data

地址：1 passage du Grand Cerf 75002
電話：01 40 28 45 60
地鐵：Etienne Marcel④
營業日：一～六 12：00～14：30／19：30～22：30
公休日：日、8月有3個星期
刷卡：Visa,Master,Amex
價位：平日午餐1道菜＋紅酒1杯或咖啡甜點組合套餐（Café Gourmand）15€、前菜5€～、主菜15€～、甜點5€～
http://www.facebook.com/cafelepassage

一 四 五 六 日 甜點．麵包．熟食

Pain de Sucre

[pɛ̃.də.sykr]

瀰漫著香草植物香味的甜點店

迪迪埃和娜塔莉這對夫妻檔從2004年開始經營，在朗布托街已擁有好名聲。本店特色是帶有迷迭香或香菜等香草植物的香氣的蛋糕。2011年，茶館在隔壁兩間店的位置開張。檸檬和堅果的閃電泡芙、鴨肉和鵝肝醬塔等也很受歡迎。

data

地址：14 rue du Rambuteau 75003
電話：01 45 74 68 92
地鐵：Rambuteau⑪
營業日：一、四～六 10：00～20：00、日 10：00～19：00
公休日：二、三、8月　刷卡：Visa,Master
http://www.patisseriepaindesucre.com

一 二 三 四 五 六 飾品．包包

Dear

[dɪə]

和巴黎人十分相襯的飾品

經旅法16年的台灣人王燕玲女士介紹得知，深受她喜愛的是這間專門展示法國新銳設計師的作品。每件飾品、包包，都會讓女孩子驚呼連連「好可愛！」。風格多元，融合古典、時尚、甜美等元素。把明亮的2樓打造成很棒的空間，陳列出許多新銳設計師的服裝。

data

地址：8 passage du Grand Cerf 75002
電話：09 54 77 08 58
地鐵：Etienne Marcel④
營業日：一～六 11：00～19：00
公休日：日　刷卡：Visa,Master
http://www.dearboutique.fr

其他推薦好店

一 二 三 四 五 六 日　帕林內果仁糖．巧克力

Pralus 普哈呂

產地嚴選最高級巧克力豆到巧克力製作，所有步驟皆親自參與的店，全法國只有3間，Pralus為其中之一。推薦熱帶金字塔和混合玫瑰色帕林內果仁糖的布里歐修麵包。

地址：35 rue Rambuteau 75004
地鐵：Rambuteau⑪
營業日：二～日 10～19：30（日-19：00）
公休日：一

© Francis Amiand

一 二 三 四 五 六 日　帕林內果仁糖．巧克力

Maison de la Prasline Mazet
普哈斯林馬澤之家

2012年3月開幕，招牌是裹上焦糖的帕林內果仁糖。美麗的罐裝巧克力甜點或太妃糖都是很稱頭的伴手禮。日本建築師米川先生設計的內裝也相當有看頭。

地址：37 rue des Archives 75004
地鐵：Rambuteau⑪
營業日：每天 10～19：00（日-11：00～）
公休日：無休

一 二 三 四 五 六 日　紅茶．香草茶

LØV Organic lov有機茶

以貼近日常生活為概念的香草茶品牌。獨具一格的口味和可愛的包裝推出後，大受歡迎，在不少咖啡館或店面都看得到這隻小鳥的標籤。作者們最喜歡的口味是排毒茶「Løv is Pure」。

地址：15 rue Montorgueil 75001
地鐵：Les Halles④、Etienne Marcel④
營業日：一～六 10～20：00、日 12～19：00
公休日：無休（除了1/1、5/1、12/25）

一 二 三 四 五 六　鞋子．包包

58m

專賣鞋子、包包、小飾品的精品店。包括Avril Gau、Jil Sander、Lanvin、Maison Martin Margiela等，充滿女性特質，隱約散發性感氣息的風格。易搭配日常服裝。走進去之前要有荷包大失血的心理準備。

地址：58 rue Montmartre 75002
地鐵：Sentier③、Etienne Marcel④
營業日：一～六 11：00～19：00
公休日：日

龐畢度／巴黎市政廳的精選好物

充分感受其悠久歷史的罐裝帕林內果仁糖，罐子的圖案很精美。125g12€（普哈斯林馬澤之家 P120）

印著各種精美圖案的裝飾紙環，材質很輕。8€（L'Illustre Boutique P116）

能仔細品味、比較各產地可可豆的熱帶金字塔。小包裝4.6€（普哈呂 P120）

鹽味焦糖巧克力加了脆脆的焦糖塊。3.9€（普哈斯林馬澤之家 P120）

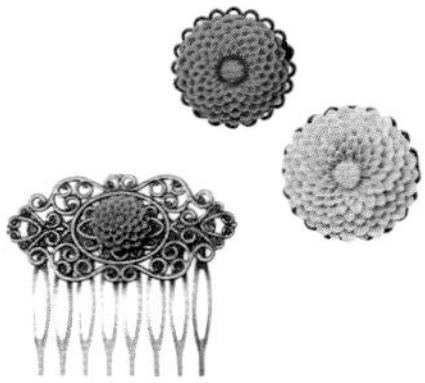

質感好的髮飾（右）各17€、（左）19€（Dear P119）

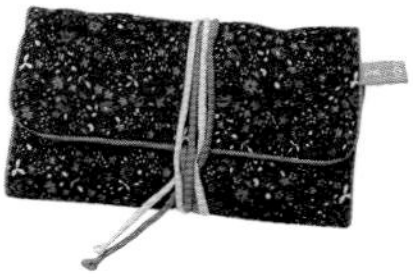

專門用來保管寶貝飾品的布包，是旅行的必備品。29€（Dear P119）

細緻精美的剪紙卡片。推薦購買巴黎知名景點系列。各6.5€（L'Illustre Boutique P116）

以綠茶為基底，加了柑橘類果實的排毒茶。100g11.2€（lov 有機茶 P120）

Tom Haugomat的插畫，充滿鄉愁的意念。無裱框50€（L'Illustre Boutique P116）

Île de la Cité / Île Saint Louis

西堤島／聖路易島

從塞納河守護巴黎變遷的島

坐擁巴黎聖母院和聖禮拜堂的西堤島，以及有全年無休的店家和餐廳的聖路易島，都已被列為世界遺產。是旅人必訪的景點。

一整個星期的日程表

一
營：西堤島的花市（P122）
休：貝蒂詠冰淇淋店（P122）

二
營：西堤島的花市（P122）
休：貝蒂詠冰淇淋店（P122）

三
營：西堤島的花市（P122）

四
營：西堤島的花市（P122）

五
營：西堤島的花市（P122）

六
營：西堤島的花市（P122）

日
營：西堤島的鳥市與花市（P122）／8-a介紹中的所有店家

基本景點 8-a

巴黎聖母院

千萬不可錯過美麗的玫瑰窗彩繪玻璃。

data：6 place Parvis Notre Dame 75004／Cité④／每天 8：00～18：45（周末-19：15）／（休）1/1,5/1,12/25／免費

聖禮拜堂

彩繪玻璃已列入世界遺產。

data：8 boulevard du Palais 75001／Cité④／每天9：00～17：00（10-3月 9：30～18：00）／（休）1/1, 5/1, 12/25／8.5€、（優待票）5.5€

西堤島的花市／鳥市

因為花和小鳥，讓西堤島變得熱鬧非凡。

data：place Louis Lépine,quai de la Corse 75004／Cité④／花市每天 8：00～19：30、鳥市是星期日 8：00～19：00

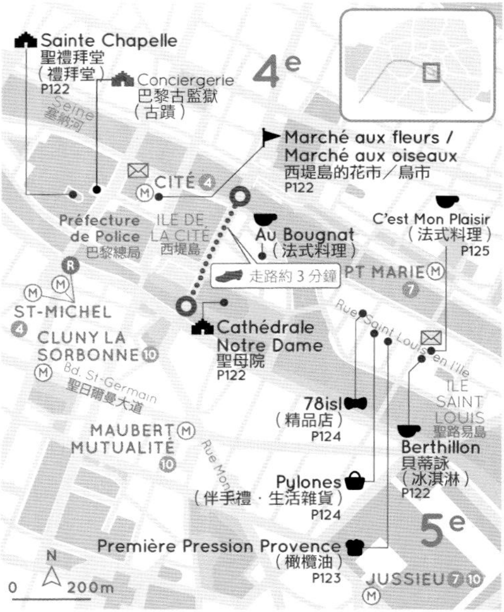

一 二 三 四 五 六 日 橄欖油

Première Pression Provence

普羅旺斯初榨 [prəmjɛr.prɛsjɔ̃.prɔvɑ̃s]

擁有生產履歷的橄欖油

本店專營由南法普羅旺斯的橄欖小農所製作的優質橄欖油。從貼在店內的生產者的照片，不難感受到店長對橄欖油的熱愛。擔任聖路易門市的店長的珍妮佛小姐是美國人，因深受橄欖油的吸引，遠赴普羅旺斯住了4年，成為精通橄欖油的製作與品嚐方式的專家。橄欖油的滋味因果實的種類、產地、製法而異，建議參考門市人員的介紹，透過試吃找到自己喜歡的口味。另外，店內也有銷售來自普羅旺斯的美味好物，例如添加松露或柚子等有香味的橄欖油、酸豆橄欖醬、水果醋等。

以量計價的「輸油管」。可以用喜歡的種類，調配出獨一無二的口味。

data

地址：51 rue Saint Louis en l'Île 75004
電話：09 66 98 23 48
地鐵：Pont Marie⑦
營業日：日～五 10：30～20：00、六 10：30～22：00
公休日：無休
刷卡：Visa,Master,Amex
http://www.ppp-olive.com

一 二 三 四 五 六 日 精品店

78isl

[swasãtdizɥit.i.ɛs.ɛl]

物有所值的好店

原本抱著不期不待的心理踏進位於觀光鬧區的78isl，意外發現店內的服飾是百搭的時尚休閒風格，更重要的是價格合理。獨家銷售的義大利製皮包，設計和色彩均相當別緻可愛，價格從25€起。

data

地址：78 rue Saint Louis en l'Île 75004
電話：01 40 46 06 36
地鐵：Pont Marie⑦
營業日：每天 11：00～20：00
公休日：無休
刷卡：Visa,Master,Amex
http://78isl.com

一 二 三 四 五 六 日 伴手禮．生活雜貨

Pylones

[pilon]

讓生活變得多采多姿的雜貨

「Pylones」是一個發揮各種獨創和幽默巧思的生活雜貨品牌。25年前在聖路易島開了第一家店，但聖路易島的居民多屬於保守的「島民」作風，一開始對Pylones的花花世界頗不能適應。如今已經完全融入島內，成為島民的一分子，歡迎前來滿載而歸。

data

地址：57 rue Saint Louis en l'Île 75004
電話：01 46 34 05 02
地鐵：Pont Marie⑦
營業日：每天 10：30～19：30
公休日：無休（除了12/25）
刷卡：Visa,Master,Amex,JCB
其他門市：98 rue de Bac 75007（1-b P34）、3-a P68、4-b P85、7-a P115等
http://www.pylones.com

一 二 三 四 五 六 日 法式料理

C'est Mon Plaisir

[sɛ.mɔ̃.plɛzir]

用餐首選

價位親民，不到20€就能吃到整套的法式料理；即便是豐盛的老饕全餐，也僅需33€。店內提供鯷魚鮮奶油湯、里肌豬排、烤鱈魚等運用當季食材的傳統料理。用STAUB鑄鐵鍋烹調的小羊肉或鴨肉、燉鴿子是值得一嚐的特別菜色。

data

地址：42 rue Saint Louis en l'Île 75004
電話：01 43 26 79 27
地鐵：Pont Marie⑦
營業日：每天 12：00～14：30／18：30～22：30
公休日：無休
刷卡：Visa,Master
價位：平日午餐2道菜17.5€、3道菜19€、午晚2道菜28€、3道菜33€
http://www.saintlouis.cestmonplaisir.fr

西堤島的精選好物

松露油。14.5€（普羅旺斯初榨　P123）

每隻的嘴巴都不一樣，非常逗趣。10€（Pylones P124）

野莓醋。9€（普羅旺斯初榨　P123）

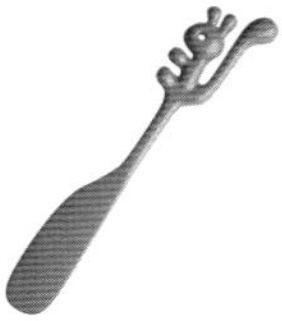

塗抹榛果巧克力醬或花生醬都很方便的奶油抹刀。7.5€（Pylones P124）

南法產的橄欖油。8€（普羅旺斯初榨 P123）

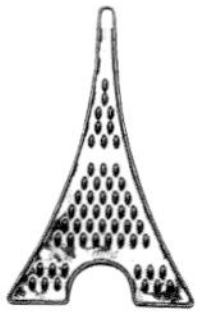

Pylones的人氣商品。艾菲爾鐵塔造型的刨絲器。小的8€（Pylones P124）

Canal Saint Martin / République

聖馬丁運河／共和廣場

享受悠閒時光的療癒系地區

流水悠悠的聖馬丁運河是巴黎人鍾愛的休閒場所。時髦的商店、咖啡館和餐廳很多，可以同時滿足散步和購物的樂趣。

一週日程表

一	二	三	四
休：在9-a介紹中的4間店有3間公休	無	運河沿岸時常聚集許多帶小孩的家庭，總是笑聲不斷	無

五	六	日
無	沿著聖馬丁運河散步的人很多	很多人沿著聖馬丁運河散步

基本景點 9-a

聖馬丁運河

19世紀開通的運河，全長4.5km。

data：quai de Valmy-quai de Jemmapes 75010／République③⑤⑧⑨⑪

共和廣場

豎立著自由女神像的廣場，人來人往很熱鬧。

data：place de la République 75010／République③⑤⑧⑨⑪

位於馬賽街的Outlet

暢貨中心和設計師小店林立的時髦街道。

data：rue de Marseille 75010／Jacques Bonsergent ⑤, République ③⑤⑧⑨⑪

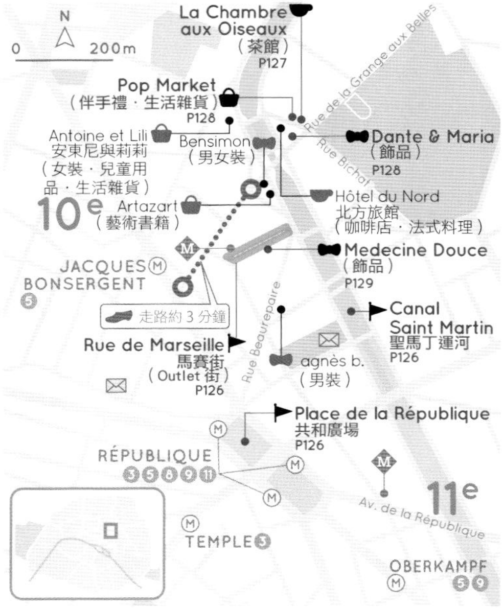

三 四 五 六 日 茶館

La Chambre aux Oiseaux

[la.ʃãbr.o.zwazo]

充滿懷舊氛圍的放鬆空間

蕾娜小姐和友人艾唯共同經營的茶館於2012年3月開幕。內裝帶有兒時鄉居老家的氣氛，充滿放鬆和懷舊的感覺。店內的佈置皆由兩位店主點滴打造而成，看似低調沉穩的空間，其實隱藏著許多巧思與堅持，包括從英國運來的壁紙，還有親自動手修復從跳蚤市場找來各種舊貨和舊家具。除了品項豐富的飲料，茶館也會依照季節和心情的變化，提供每天不一樣的沙拉和三明治；另外還有值得推薦的是設計簡單，滋味卻是一流的甜點。

店名「鳥的房間」是承襲2011年過世的蕾娜小姐的奶奶的房名。

data

地址：48 rue Bichat 75010
電話：09 81 45 45 38
地鐵：Jacques Bonsergent⑤
營業日：三～日（4～9月）10：00～20：00、（10～3月）10：00～18：00（午餐 12：30～15：30、六日早午餐 11：00～15：00）
公休日：一、二
刷卡：Visa,Master
價位：早餐5.5€、前菜、主餐5～12€、甜點5€～、早午餐18€
http://lachambreauxoiseaux.tumblr.com

二 三 四 五 六 飾品

Dante & Maria

[dante.e.maria]

映露純真之心的寶石

讓女孩心動的Dante＆Maria飾品，走的是奢華、精緻的路線，價位在20～120€間算平易近人。這是間設計師丹堤先生巧妙搭配自己蒐集的復古藝品、且又富有女孩風格的店。裡頭有隻讓人覺得如畫中物的鎮店犬朋迪切里。

data

地址：3 rue de la Grange aux Belles 75010
電話：01 70 22 62 13
地鐵：Jacques Bonsergent⑤
營業日：二～六 11：30～19：00
公休日：日、一
刷卡：Visa
http://www.dantemaria.fr

二 三 四 五 六 日 伴手禮・生活雜貨

Pop Market

[pɔp markit]

挑選可愛紀念品的最佳去處

商品色彩繽紛可愛的大坪數生活雜貨專賣店。Alain Grée的貼紙、法語的繪本、Papier Tigre的明信片和筆記本、Macon＆Lesquoy的刺繡手環、磁鐵和裝飾紙環等，都是價格好入手，又充滿濃濃法國味的物品。

data

地址：50 rue Bichat 75010
電話：09 52 79 96 86
地鐵：Jacques Bonsergent⑤、République③⑤⑧⑨⑪
營業日：二～六 11：00～19：30、日 15：00～19：00
公休日：一、8月　刷卡：Visa,Master
http://www.popmarket.fr

一 二 三 四 五 六 飾品

Medecine Douce

[mɛdsin.dus]

Made in Paris

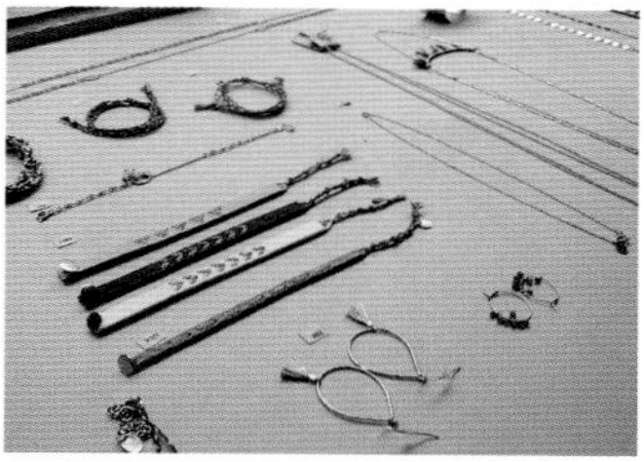

不論巴黎或日本，「Medecine Douce」在精品界享有高人氣。設計簡潔搭配棉線、皮革、毛皮混搭風格，加上配色大膽，全是它獨有的魅力。另外新推出的純金珠寶工藝系列－beaurepaire的關注度不斷上升。

data

地址：10 rue de Marseille 75010
電話：01 48 03 57 28
地鐵：Jacques Bonsergent⑤、République③⑤⑧⑨⑪
營業日：一～六 11：00～19：00
公休日：日、8月有3個星期　刷卡：Visa,Master
http://www.bijouxmedecinedouce.com

聖馬丁運河／共和廣場的精選好物

燙布貼和胸針。(右)10€(左)16€(Pop Market P128)

由珊瑚和珍珠組合而成的葉片耳環。。62€(Dante&Maria P128)

牌子上刻著「NON」的手環。55€(Dante &Maria P128)

棉質的編織手環。45€(Medecine Douce P129)

提高女人味的可愛罐裝縫紉組。6.9 €(Pop Market P128)

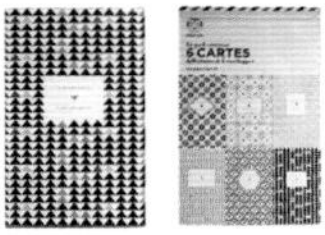

Papier Tigre的明信片。6張入。18€(PopMarket P128)

Bastille

巴士底

街頭藝術相得益彰的年輕人之區

這區最知名的地標是法國大革命的起源地－巴士底監獄。除了坐擁7月的圓柱和巴士底歌劇院兩大景點的巴士底廣場，也建議走訪有許多創意小店的夏虹街（rue de Charonne）和凱勒街（rue Keller）。

一週日程表

一	二	三	四
無	營：阿里格市集（P140）	營：巴士底市集（P130）／阿里格市集（P140）	營：巴士底市集（P130）／阿里格市集（P140）

五	六	日
營：阿里格市集（P140）	營：阿里格市集（P140）	營：巴士底市集（P130）／阿里格市集（P140）

基本景點 10-α

巴士底歌劇院

誕生於1989年的巴黎國立歌劇院。

data：120 rue de Lyon 75012／Bastille①⑤⑧／參觀日洽詢電話（01 40 01 19 70）／12€、（優待票）10€

巴士底廣場和7月圓柱

為了紀念法國大革命而建立的圓柱。

data：place de la Bastille 75012／Bastille①⑤⑧

聖馬丁運河觀光遊艇

可以充分領略巴黎「平民」的一面的運河遊艇。

data：11 boulevard de la Bastille 75012／Bastille①⑤⑧／每天9：45出航／12€（優待票）10€

一 二 三 四 五 六 日 精品店

SoWeAre (blablabla)...

[so.wi.ar.blablabla]

瑪加利小姐的時尚觀、髮型、化妝都很值得參考。

混搭是巴黎目前的主流

這間開幕沒有多久的精品店，由瑪加利和海蓮娜兩位女性共同經營。瑪加利小姐告訴我們「現在的巴黎人，只要自己覺得好看，一點也不介意用昂貴的品牌搭配廉價品牌」。基於不受任何限制才是「玩」搭配的樂趣所在，兩位店主並不拘泥於品牌的形象與價格，完全以「好不好看」當作取決的標準。這套審美意識也用於她們對生活的態度，店內陳列不少精選的家居飾品和飾品。走訪本店之後，可以讓人深深體會到巴黎人對生活的態度是「穿要穿自己喜歡的，用要用自己合適的」。

data

地址：40 rue de Charonne 75011
電話：09 82 37 63 91
地鐵：Ledru Rollin⑧、
Bastille①⑤⑧
營業日：一 13：00～19：30、
二～六 11：30～19：30
公休日：日、8月有兩個星期
刷卡：Visa,Master
http://www.soweare-shop.fr

一 二 三 四 五 六 日 飾品・生活雜貨

Nadja Carlotti

娜迪亞・卡爾洛緹 [nadja.karloti]

專賣可愛的飾品和文具

多層次手環、黃銅搭配蕾絲項鍊等，每一件浪漫復古風的飾品全是娜迪雅小姐手工製作。店內也精選許多和飾品相呼應的生活雜貨、包包、筆記本、明信片等，保證讓人流連忘返。

data

- 地址：13 bis rue Keller 75011
- 電話：01 79 25 05 20
- 地鐵：Bastille①⑤⑧、Ledru Rollin⑧
- 營業日：一 13：00～19：00、二～六 11：00～19：30
- 公休日：日、8月中旬有兩個星期
- 刷卡：Visa,Master
- http://www.nadjacarlotti.com

一 二 三 四 五 六 日 湯品

Le Bar à Soupes

湯吧 [lə.bar.a.sup]

補充活力的營養精力湯

以鮮黃色門面為正字標記的湯品專賣店，很受當地年輕人的歡迎。店內提供6種湯品，是凱瑟琳小姐每天使用當季蔬菜所精心熬煮而成。滿滿一大碗的湯品濃縮蔬菜的精華，讓疲勞的身體補充飽滿的能量。另有提供外帶的服務。

data

- 地址：33 rue de Charonne 75011
- 電話：01 43 57 53 79
- 地鐵：Ledru Rollin⑧、Bastille①⑤⑧
- 營業日：一～六 12：00～15：00／18：30～22：30
- 公休日：日　刷卡：Visa,Master（15€～）
- 價位：午間套餐9.95€、湯品單點5.7€
- http://www.lebarasoupes.com

一 二 三 四 五 六 女裝

Des Petits Hauts

[de.pəti.o]

可愛上衣大集合

由卡蒂亞和凡妮絲這對姐妹花合作創立的品牌，2000年在凱勒街開了第1號店。本品牌主打活潑浪漫的女孩風格上衣。每一件別緻可愛的夢幻美衣無不擄獲巴黎女孩的心。

data

- 地址：5 rue Keller 75011
- 電話：01 43 38 14 39
- 地鐵：Ledru Rollin⑧
- 營業日：一 14：00～19：30、二～六 11：30～19：30
- 公休日：日、8月上旬有2個星期
- 刷卡：Visa,Master,Amex
- http://www.despetitshauts.com

巴士底的精選好物

迷你信箋組德國製。各1€（娜迪亞·卡爾洛緹 P132）

Mademoiselle ninon的藍色水滴形耳環。25€（Les Fleurs P130）

色彩繽紛的三角形磁鐵。10個8€（Les Fleurs P130）

設計有點特別的巴黎明信片。各2.5€（Les Fleurs P130）

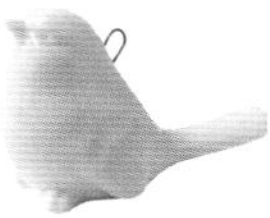

佈置聖誕樹的小瓷鳥。5€（Les Fleurs P130）

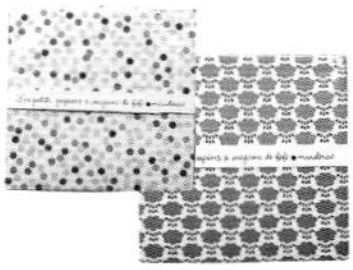

彩色摺紙很適合送給小朋友當禮物。4～9€（娜迪亞·卡爾洛緹 P132）

Quartier Latin
拉丁區

充滿年輕活力的學生街

索邦大學所在的拉丁區，處處都是學生與旅人，氣氛十分輕鬆愉快。值得參觀的景點包括萬神殿、克紐尼中世紀博物館、植物園和清真寺等，是散步的絕佳去處。

一週日程表

一
休：阿拉伯世界研究所（P134）

二
營：莫貝市場（P134）
休：克紐尼中世紀博物館（P134）／國立自然史博物館（P134 位於植物園內）

三
營：蒙日市場（P134）

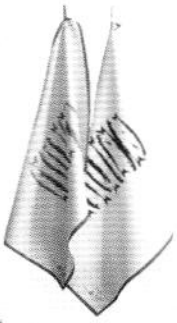

四
營：蒙日市場（P134）

五
營：阿拉伯世界研究所（～21：30／P134）／蒙日市場（P134）

六
營：蒙日市場（P134）

日
營：蒙日市場（P134）

基本景點 11-a

萬神殿

雨果、左拉、大仲馬等偉人的長眠之處。

data：place du Panthéon 75005／Luxembourg RER C／每天10：00～18：30（10～3月到18：00）／（休）1/1,5/1,12/25／8.5€、（優待票）5.5€

克紐尼中世紀博物館

掛毯「貴婦與獨角獸」是必看的鎮館之寶。

data：6 place Paul Painlevé 75005／Luxembourg RER C／三～一 9：15～17：45／（休）二,1/1,5/1,12/25／ 8€、（優待票）6€

植物園

遠離巴黎的塵囂，綠意盎然的空間。

data：36 rue Geoffroy Saint Hilaire 75005／Jussieu⑩／每天8：00～17：30（夏季7：30～19：45）／免費

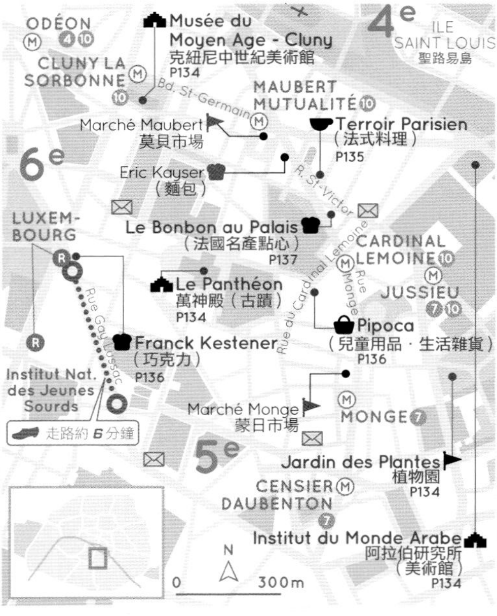

一 二 三 四 五 六 日 法式料理

Terroir Parisien

巴黎風土小酒館 [tɛrwar.parizjɛ̃]

米其林3星主廚的最新力作

實力派大廚亞尼克（Yannick Alleno）主持的小酒館在2012年開幕後，立即成為眾所注目的焦點。裝潢摩登時尚的店內；使用的食材均來自巴黎和巴黎近郊，如果不趕時間的話，可以坐下來慢慢享用充滿亞尼克個人風格的照牌菜單。Veau Chaud是用棍子麵包夾著小牛肉香腸，淋上Gribiche醬汁，堪稱法國版的大亨堡。洋蔥湯的作法是在烤洋蔥鋪上骨髓和炸過的起士，最後倒入滋鮮味美的熱湯。另外，連最平常無奇的火腿起士吐司，也能變化出嶄新的創意，讓每一口都充滿驚喜。平易近人的價格也是魅力之一，三明治從6€起跳。

魚、肉類料理等主菜大獲好評。連午餐時段人氣也滿滿。

data

地址：20 rue Saint Victor 75005
電話：01 44 31 54 54
地鐵：Maubert Mutualité⑩
營業日：每天 12：00～14：30／19：00～22：30
公休日：8月有2個星期
刷卡：Visa,Master,Amex
價位：三明治6€、火腿起士吐司10€、前菜6€～、魚、肉類料理14€～
http://www.bistro-terroirparisien.fr

一 二 三 四 五 六 日 巧克力

Franck Kestener

[frɑ̃k.kɛstnə]

實力派的年輕甜點師

身為洛林地區的糕餅世家第五代傳人的法蘭克，資歷相當顯赫，繼2003年榮獲M.O.F（法國最佳工藝師）的殊榮後，又在2006年世界盃甜點大賽奪得冠軍寶座。每年都會參加東京舉辦的巧克力沙龍展。

data

地址：7 rue Gay Lussac 75005
電話：01 43 26 40 91
地鐵：RER C線 Luxembourg
營業日：一 14：00～20：30、二～六 10：00～20：30、
日 11：00～20：00
公休日：8月
刷卡：Visa,Master,Amex
http://www.franck-kestener.com

一 二 三 四 五 六 日 兒童用品．生活雜貨

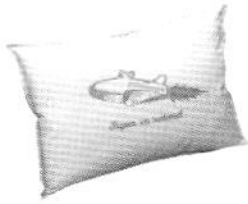

Pipoca

[pipɔka]

可愛的兒童用品和獨一無二的生活雜貨

身為平面設計師的佛羅倫絲小姐，在2005年成立兒童用品品牌。推出造型簡潔可愛的插畫T恤和護膝套後，隨即風靡媽媽圈。色彩柔和的被套，大人用起來也不顯得孩子氣。另外有抹布、化妝包、托特包等別出心裁的巴黎伴手禮。

data

地址：67 rue du Cardinal Lemoine 75005
電話：01 46 33 29 71
地鐵：Cardinal Lemoine⑩
營業日：二～六 11：00～19：00 公休日：日、一、8月
刷卡：Visa,Master
http://www.pipoca.fr

一 二 三 四 五 六 ● 法國知名甜點

Le Bonbon au Palais

糖果皇宮 [lə.bɔ̃bɔ̃.o.palɛ]

法國各地的知名甜點共聚一堂

對甜點投入無比熱情的喬治先生，會向客人娓娓道來每一種裝在美麗玻璃瓶的夾心巧克力或太妃糖的歷史。以量計價的方式，少量多樣的挑選，可以品嚐到更多種口味。

data

- 地址：19 rue Monge 75005
- 電話：01 78 56 15 72
- 地鐵：Cardinal Lemoine⑩
- 營業日：一 14：00～19：00、二～六 10：30～13：00／14：00～19：00
- 公休日：日、8月有2個星期　刷卡：Visa,Master
- http://www.bonbonsaupalais.fr

拉丁區的精選好物

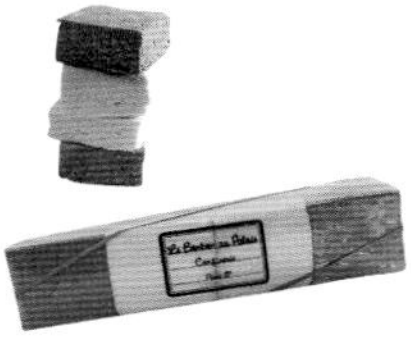

果泥棉花糖可保存2個月。1盒約11€（糖果皇宮　P137）

佛羅倫絲小姐設計的櫻桃束口袋。18€（Pipoca　P136）

色彩鮮豔的鉛筆盒。設計簡單俐落，方便使用。17€（Pipoca　P136）

外面包裹著糖衣的太妃糖。80g8.5€（糖果皇宮　P137）

莎布蕾餅乾和巧克力交織出完美的甜蜜滋味。9.75€（Franck Kestener　P136）

抹布上畫著隻可愛的大野狼。18€（Pipoca　P136）

column 1

逛逛跳蚤市場和市集

舊貨堆中，有不少法式風味的古董玩意，你可以發現巴黎的另一面，看見他的真實。或走一趟傳統市集，是個能更貼近巴黎飲食文化的地方。常設市集平日也有設攤，可以很自由的放入行程裡。

梵維斯跳蚤市場
Marché aux puces de Vanves

梵維斯跳蚤市場的規模適中，很容易找到狀態維持得不錯的舊貨，更重要的是，附近的治安良好。在巴黎所有的跳蚤市場當中，是最值得推薦東方人前往的選擇。

data

地址：avenue Marc Sangnier、avenue Georges Lafenestre與其周邊
地鐵：Porte de Vanves⑬
時間：六、日 7：00～14：00（但是多數店家都在8：00～13：00這段時間營業）map：P30

○ 克麗絲汀女士的古董舊貨店

本店距離Marc Sangnier大街的入口很近。店面陳列各種保存狀態良好的生活用品，咖啡歐蕾碗、鑰匙圈，還有緞帶等手工藝用品、印章、吸墨紙等小東西。

○ 哈日族艾力克先生的古董鈕扣店

鈕扣店位於Marc Sangnier大街的中段，店內的商品橫跨古今，遠至18世紀的鈕釦或胸針，或者最新流行的款式，在這裡通通找得到。光是瀏覽一整排造型和色彩各異的鈕扣貨存，不得不承認艾力克先生說的這段話「鈕扣的款式或材質變化，反映出法國的社會變遷」，還真的有幾分道理。

○ 珍妮小姐的古典飾品店

專營迪奧等高級品牌的手鍊或胸針，年份介於1950～70年。莉亞．史坦（Lea Stein）設計的胸針，款式和配色都很獨特；如果想蒐集她的作品，建議到此尋寶。本店就在艾力克先生的鈕扣店斜對面。

紅孩兒市集

Marché des Enfants Rouges

誕生於1615年，為巴黎最古老市集。除了市集區販售蔬果、魚肉等生鮮食材，隔壁還設有許多小食堂，吃得到可麗餅、義大利料理、摩洛哥的庫斯庫斯和日本料理等各國美食。一接近中午時間，有不少在附近上班的巴黎人會到此用餐。

data

- 地址：39 rue de Bretagne 75003
- 地鐵：Filles du Calvaire⑧
- 時間：二～六 8：30～19：30、日 8：30～14：00
- 公休日：一
- map：P68（瑪黑3-b）

哈斯拜有機市集
Marché biologique de Raspail

始於1989年，當「Bio（有機）」的概念在法國尚未普及之際，是巴黎最具代表性的有機市集。人潮多的時候，連前進都很困難，用摩肩擦踵來形容絕不誇張。豆子口味的鹹可麗餅和沙拉、鹹派、蛋糕、麵包等方便外帶的食物很多。

data

地址:boulevard Raspail 75006（rue de Rennes和rue du Cherche Midi之間）
地鐵：Rennes⑫
時間：日 9：00～15：00
map：P34（聖日爾曼德佩1-b）

阿里格市集
Marché d'Aligre

熱鬧的阿里格市集是住在巴士底一帶的居民買菜的地方。不單是蔬菜、水果、肉類、起士等生鮮食材，也有銀器和骨董家具、販賣風衣和牛仔褲等二手衣物的店家，和跳蚤市場有幾分相似。

data

地址：place d'Aligre 75012
地鐵：Ledru Rollin⑧
時間：二～日 7：30～13：30（六、日到14：30）
公休日：一
map：P130（巴士底10-a）

column 2

在Moroprix尋找合適的伴手禮

走進某間位於轉角處的超市，見識巴黎人日常生活的吉光片羽，是巴黎旅行的樂趣之一。集各種好吃、好用產品之大成的「Moroprix」是我們的最愛。花少少的錢，能找到巴黎特有的伴手禮！

1

2

3

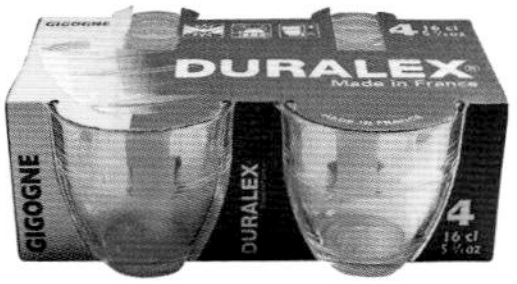

4

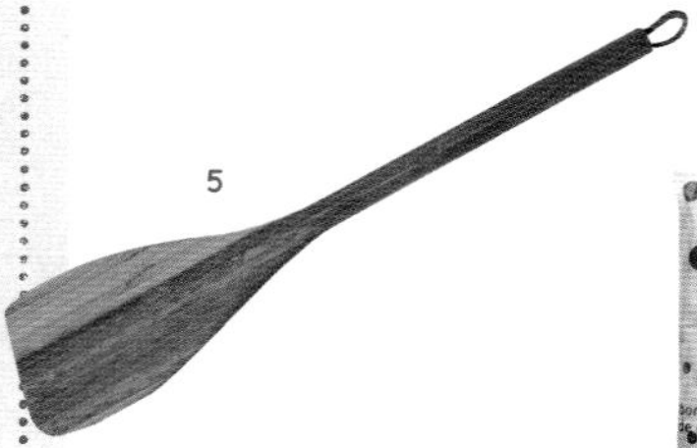

5

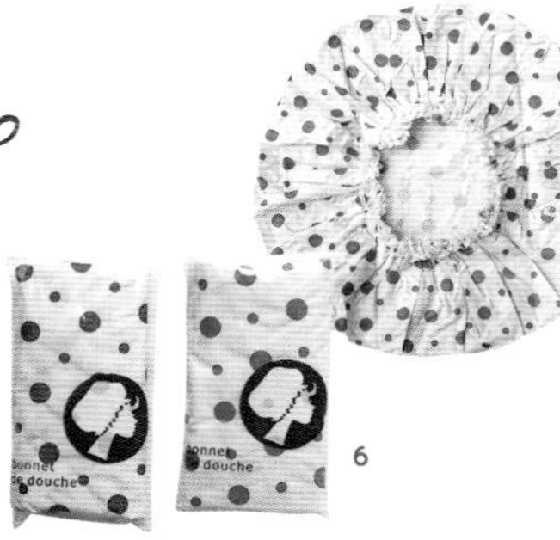

6

7

1.車子造型的牛奶夾心巧克力餅乾，非常可愛。6片1.73€。　2.深受大家喜歡的好媽媽（Bon Mama）的蛋白霜甜點。60g1.86€。　3.艾菲爾鐵塔造型的迴紋針。讓你在公司或學校都能感受巴黎的氣息。5.9€。　4.巴黎咖啡廳的必備好物－DURALEX的玻璃杯。Cigone4個裝3.9€。　5.造型簡單、材質本身備受巴黎人興趣的竹製勺子。3€。　6.有藍色或粉紅色圓點的傳統型浴帽，戴起來很可愛。2.9€。
7.口袋版地圖是漫步巴黎的必備品！4.95€。

每一區的地圖都會標示出Moroprix的所在位置。特別推薦歌劇院大道（P55）和雷恩街（P35）這兩間門市。

地鐵路線圖

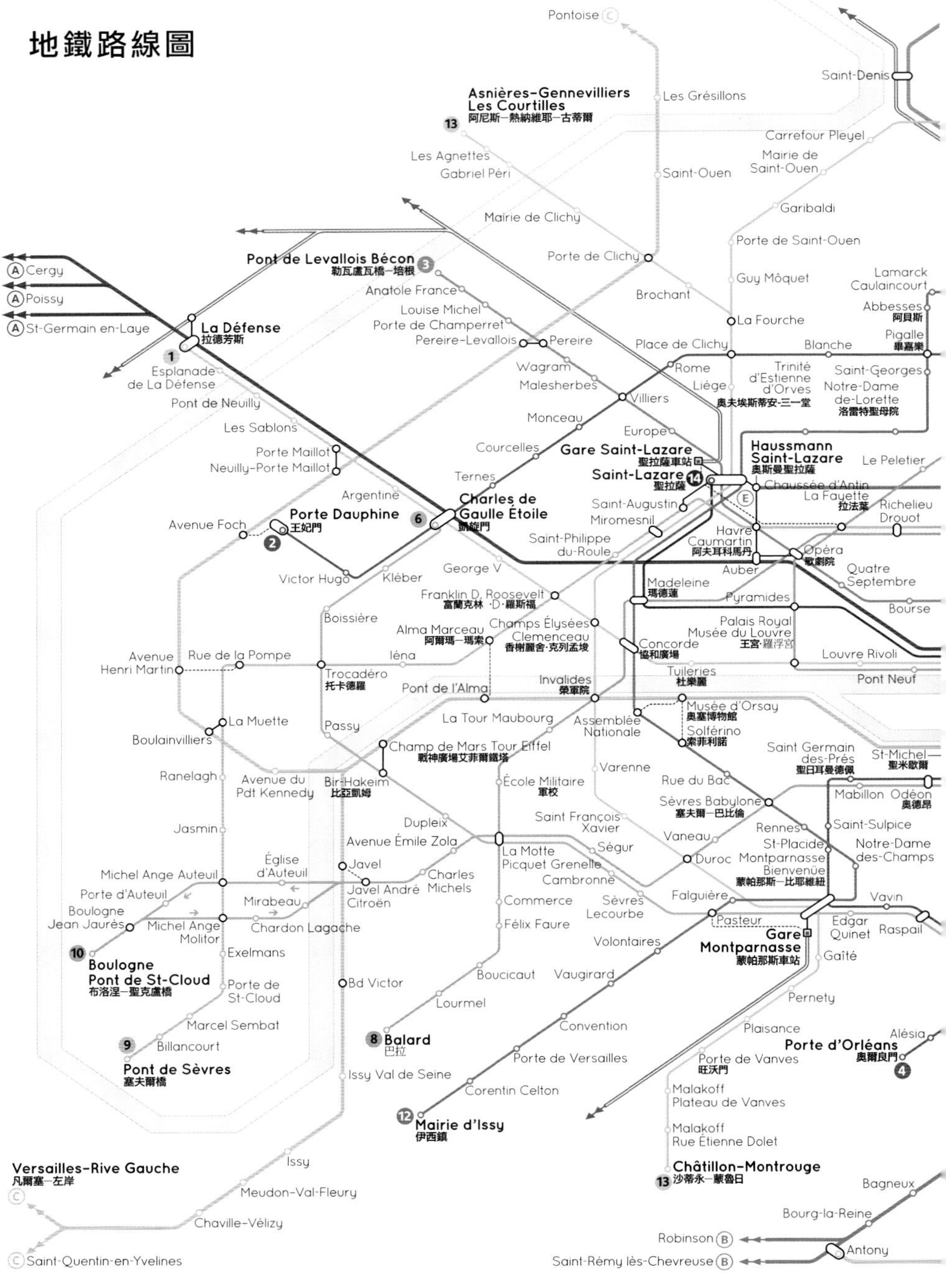

Pontoise
Saint-Denis
Asnières-Gennevilliers
Les Courtilles
阿尼斯—熱納維耶—古蒂爾
13
Les Grésillons
Carrefour Pleyel
Les Agnettes
Gabriel Péri
Saint-Ouen
Mairie de
Saint-Ouen
Mairie de Clichy
Garibaldi
Porte de Saint-Ouen
Porte de Clichy
A Cergy
A Poissy
A St-Germain en-Laye
Pont de Levallois Bécon
勒瓦盧瓦橋—培根
3
Anatole France
Louise Michel
Porte de Champerret
Pereire-Levallois
Pereire
Guy Môquet
Lamarck
Caulaincourt
Brochant
Abbesses
阿貝斯
La Fourche
Pigalle
畢嘉樂
La Défense
拉德芳斯
1
Esplanade
de La Défense
Place de Clichy
Blanche
Wagram
Rome
Trinité
d'Estienne
d'Orves
Saint-Georges
Liège
Malesherbes
Notre-Dame
de-Lorette
Pont de Neuilly
Villiers
奧夫埃斯蒂蒂安-三一堂
洛雷特聖母院
Les Sablons
Monceau
Europe
Porte Maillot
Courcelles
Gare Saint-Lazare
聖拉薩車站
Haussmann
Saint-Lazare
奧斯曼聖拉薩
Le Peletier
Neuilly-Porte Maillot
Ternes
Saint-Lazare
聖拉薩
14
Chaussée d'Antin
La Fayette
拉法葉
Argentine
Charles de
Gaulle Étoile
凱旋門
6
E
Richelieu
Drouot
Saint-Augustin
Miromesnil
Avenue Foch
Porte Dauphine
王妃門
2
Havre
Caumartin
阿夫耳科馬丹
Saint-Philippe
du-Roule
Opéra
歌劇院
Quatre
Septembre
Victor Hugo
Kléber
George V
Auber
Madeleine
瑪德蓮
Franklin D. Roosevelt
富蘭克林·D·羅斯福
Pyramides
Bourse
Boissière
Alma Marceau
阿爾瑪—瑪索
Champs Élysées
Clemenceau
香榭麗舍·克列孟梭
Palais Royal
Musée du Louvre
王宮·羅浮宮
Concorde
協和廣場
Avenue
Henri Martin
Rue de la Pompe
Iéna
Louvre Rivoli
Trocadéro
托卡德羅
Tuileries
杜樂麗
Pont de l'Alma
Invalides
榮軍院
Pont Neuf
La Tour Maubourg
Musée d'Orsay
奧塞博物館
La Muette
Passy
Assemblée
Nationale
Solférino
索菲利諾
Boulainvilliers
Champ de Mars Tour Eiffel
戰神廣場艾菲爾鐵塔
Saint Germain
des-Prés
聖日耳曼德佩
St-Michel—
聖米歇爾
Varenne
Ranelagh
Avenue du
Pdt Kennedy
Bir-Hakeim
比亞凱姆
École Militaire
軍校
Rue du Bac
Mabillon
Odéon
奧德昂
Sèvres Babylone
塞夫爾—巴比倫
Jasmin
Dupleix
Saint François
Xavier
Rennes
Saint-Sulpice
Vaneau
Avenue Émile Zola
St-Placide
Notre-Dame
des-Champs
La Motte
Picquet Grenelle
Ségur
Église
d'Auteuil
Javel
Duroc
Montparnasse
Bienvenüe
蒙帕那斯—比耶維紐
Michel Ange Auteuil
Charles
Michels
Cambronne
Porte d'Auteuil
Javel André
Citroën
Falguière
Vavin
Boulogne
Jean Jaurès
Mirabeau
Commerce
Sèvres
Lecourbe
Michel Ange
Molitor
Chardon Lagache
Pasteur
Edgar
Quinet
Raspail
Félix Faure
10
Boulogne
Pont de St-Cloud
布洛涅—聖克盧橋
Exelmans
Volontaires
Gare
Montparnasse
蒙帕那斯車站
Gaîté
Porte de
St-Cloud
Bd Victor
Boucicaut
Vaugirard
Pernety
Lourmel
Marcel Sembat
Convention
Plaisance
Alésia
9
Billancourt
8
Balard
巴拉
Porte d'Orléans
奧爾良門
4
Pont de Sèvres
塞夫爾橋
Porte de Versailles
Porte de Vanves
旺沃門
Issy Val de Seine
Corentin Celton
Malakoff
Plateau de Vanves
12
Mairie d'Issy
伊西鎮
Malakoff
Rue Étienne Dolet
Versailles-Rive Gauche
凡爾塞—左岸
C
Issy
Châtillon-Montrouge
13 沙蒂永—蒙魯日
Bagneux
Meudon-Val-Fleury
Bourg-la-Reine
Chaville-Vélizy
Robinson B
Antony
C Saint-Quentin-en-Yvelines
Saint-Rémy lès-Chevreuse B

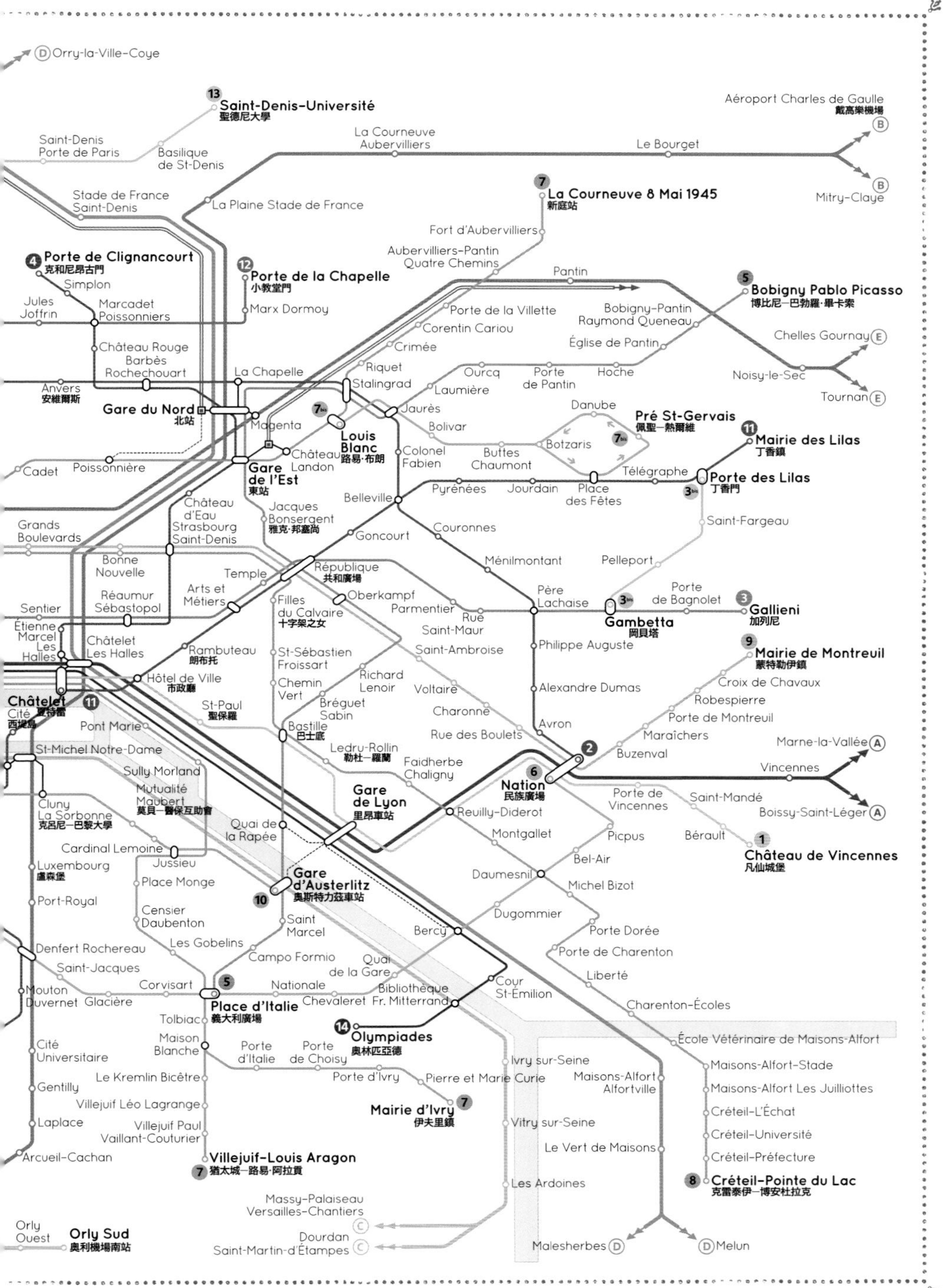

D Orry-la-Ville-Coye
13 Saint-Denis-Université
聖德尼大學
Aéroport Charles de Gaulle
戴高樂機場
B
Saint-Denis
Porte de Paris
Basilique
de St-Denis
La Courneuve
Aubervilliers
Le Bourget
B
Mitry-Claye
Stade de France
Saint-Denis
La Plaine Stade de France
7 La Courneuve 8 Mai 1945
新庭站
Fort d'Aubervilliers
Aubervilliers-Pantin
Quatre Chemins
4 Porte de Clignancourt
克利尼昂古門
Simplon
12 Porte de la Chapelle
小教堂門
Pantin
5 Bobigny Pablo Picasso
博比尼—巴勃羅·畢卡索
Jules
Joffrin
Marcadet
Poissonniers
Marx Dormoy
Porte de la Villette
Bobigny-Pantin
Raymond Queneau
Corentin Cariou
Chelles Gournay E
Château Rouge
Barbès
Rochechouart
Crimée
Église de Pantin
Riquet
Ourcq
Porte
de Pantin
Hoche
Noisy-le-Sec
Anvers
安維爾斯
La Chapelle
Stalingrad
Laumière
Tournan E
Gare du Nord
北站
Jaurès
Danube
Pré St-Gervais
佩聖—熱爾維
7bis
Magenta
Louis
Blanc
路易·布朗
Bolivar
11 Mairie des Lilas
丁香鎮
Botzaris
Château
Landon
Colonel
Fabien
Buttes
Chaumont
Cadet
Poissonnière
Gare
de l'Est
東站
Télégraphe
Porte des Lilas
丁香門
3bis
Pyrénées
Jourdain
Place
des Fêtes
Belleville
Château
d'Eau
Strasbourg
Saint-Denis
Jacques
Bonsergent
雅克·邦塞尚
Saint-Fargeau
Grands
Boulevards
Goncourt
Couronnes
Bonne
Nouvelle
Ménilmontant
Pelleport
Temple
République
共和廣場
Porte
de Bagnolet
Arts et
Métiers
Réaumur
Sébastopol
Oberkampf
Père
Lachaise
3 Gallieni
加列尼
Sentier
Filles
du Calvaire
十字架之女
Parmentier
Rue
Saint-Maur
Gambetta
岡貝塔
Étienne
Marcel
Les
Halles
Châtelet
Les Halles
9 Mairie de Montreuil
蒙特勒伊鎮
Rambuteau
朗布托
St-Sébastien
Froissart
Saint-Ambroise
Philippe Auguste
Croix de Chavaux
Hôtel de Ville
市政廳
Chemin
Vert
Richard
Lenoir
Voltaire
Alexandre Dumas
Robespierre
Châtelet
夏特雷
11
Cité
西堤島
St-Paul
聖保羅
Bréguet
Sabin
Charonne
Porte de Montreuil
Pont Marie
Bastille
巴士底
Rue des Boulets
Avron
Maraîchers
St-Michel Notre-Dame
Ledru-Rollin
勒杜—羅蘭
2
Marne-la-Vallée A
Buzenval
Faidherbe
Chaligny
Vincennes
Sully Morland
Mutualité
Maubert
莫貝—醫保互助會
6
Nation
民族廣場
Porte de
Vincennes
Saint-Mandé
Cluny
La Sorbonne
克呂尼—巴黎大學
Gare
de Lyon
里昂車站
Quai de
la Rapée
Reuilly-Diderot
Boissy-Saint-Léger A
Montgallet
Bérault
Picpus
1 Château de Vincennes
凡仙城堡
Cardinal Lemoine
Jussieu
Bel-Air
Luxembourg
盧森堡
Place Monge
Gare
d'Austerlitz
奧斯特力茲車站
Daumesnil
10
Michel Bizot
Port-Royal
Censier
Daubenton
Saint
Marcel
Dugommier
Bercy
Porte Dorée
Denfert Rochereau
Les Gobelins
Porte de Charenton
Campo Formio
Quai
de la Gare
Saint-Jacques
Liberté
Cour
St-Émilion
Corvisart
5
Nationale
Bibliothèque
Fr. Mitterrand
Mouton
Duvernet
Glacière
Place d'Italie
義大利廣場
Chevaleret
Charenton-Écoles
Tolbiac
14 Olympiades
奧林匹亞德
Maison
Blanche
École Vétérinaire de Maisons-Alfort
Cité
Universitaire
Porte
d'Italie
Porte
de Choisy
Ivry sur-Seine
Maisons-Alfort-Stade
Maisons-Alfort
Alfortville
Le Kremlin Bicêtre
Porte d'Ivry
Pierre et Marie Curie
Maisons-Alfort Les Juilliottes
Gentilly
Villejuif Léo Lagrange
Mairie d'Ivry
伊夫里鎮
7
Créteil-L'Échat
Laplace
Villejuif Paul
Vaillant-Couturier
Vitry sur-Seine
Créteil-Université
Arcueil-Cachan
Villejuif-Louis Aragon
7 猶太城—路易·阿拉貢
Le Vert de Maisons
Créteil-Préfecture
Les Ardoines
8 Créteil-Pointe du Lac
克雷泰伊—博安杜拉克
Massy-Palaiseau
Versailles-Chantiers
C
Orly
Ouest
Orly Sud
奧利機場南站
Dourdan
Saint-Martin-d'Étampes
C
Malesherbes D
D Melun

旅行備忘錄

大家是否列好清單，決定要去哪些店和餐廳，還有購買哪些東西當作伴手禮了嗎？請利用本頁一一記錄下來，再搭配附贈的貼紙，設計出你獨一無二的巴黎行程表吧。

〈旅行備忘錄的使用說明〉

●把要帶的東西和服裝搭配列張清單吧。

參考：「天氣　服裝日曆」（http://www.tricolorparis.com/meteo）

●列出送禮物名單，又打算買些什麼。

●列出行程和預算，將旅遊行程逐漸拼湊成形。

要帶的物品清單

- ☐
- ☐
- ☐
- ☐
- ☐
- ☐
- ☐
- ☐
- ☐
- ☐
- ☐
- ☐
- ☐
- ☐
- ☐
- ☐

- ☐
- ☐
- ☐
- ☐
- ☐
- ☐
- ☐
- ☐
- ☐
- ☐
- ☐
- ☐
- ☐
- ☐
- ☐
- ☐

搭配

伴手禮名單

對象	送的禮物	送的禮物

date：　　年　　月　　日　（　　）　～　　月　　日　（　　）

	第（　　）天	第（　　）天	
星期幾	星期（　　）	星期（　　）	
這天的主題			
一定要去的 店家·美術館			
地區			
上午			
午餐			
下午			
晚餐			
這天要買 的東西			
預算			

	第（　　）天	第（　　）天
	第（　　）天	第（　　）天

date:　　年　　月　　日（　）～　　月　　日（　）

	第（　）天	第（　）天	
星期幾	星期（　）	星期（　）	
這天的主題			
一定要去的店家·美術館			
地區			
上午			
午餐			
下午			
晚餐			
這天要買的東西			
預算			

	第（　）天	第（　）天
	第（　）天	第（　）天

觀光景點・百貨公司・市集・跳蚤市場

美術館・古蹟

餐廳・咖啡廳

Betjeman & Barton	紅茶、茶館	瑪黑3-b	79
Nanashi 2	日本料理	瑪黑3-b	80
Les Affranchis	法式料理	蒙馬特4-a	88
Au Clocher de Montmartre	法式料理	蒙馬特4-a	92
Renoma Café Gallery	咖啡館・餐廳	香榭麗舍大道5-a	102
紅色木炭	碳烤牛排	香榭麗舍大道5-a	103
Alain Milliat	果汁・法式料理	艾菲爾鐵塔6-a	108
Au Bon Accueil	法式料理	艾菲爾鐵塔6-a	110
Le Pas Sage	法式料理	龐畢度／巴黎市政廳7-a	118
Cset Mon Plaisir	法式料理	西堤島／聖路易島8-a	125
La Chambre aux Oiseaux	茶館	聖馬丁運河／共和廣場9-a	127
湯吧	湯品	巴士底10-a	132
巴黎風土小酒館	法式料理	拉丁區11-a	135

甜點店・麵包・美食

Pierre Hermé	甜點・馬卡龍・巧克力	聖日爾曼德佩1-a	32
Foucher Paris	巧克力	聖日爾曼德佩1-b	45
it mylk	優格霜淇淋	歌劇院2-b	49
Henri le Roux	焦糖・巧克力	聖日爾曼德佩1-c	49
喬治・拉尼科之家	Kouignette・巧克力	聖日爾曼德佩1-c	50
Bread & Roses	麵包・甜點・咖啡廳	歌劇院2-a	58
Maille	芥末醬	歌劇院2-a	61
雨果與維克多	甜點・巧克力	歌劇院2-b	64
Jacques Genin	巧克力	瑪黑3-b	67
美赫	格子鬆餅	瑪黑3-a	70
Popelini	泡芙	瑪黑3-b	76
金星糖果店	法國知名甜點	蒙馬特4-a	82
Sébastien Gaudard	糕餅	蒙馬特4-a	89
La Chambre aux Confitures	果醬	蒙馬特4-a	90
Gontran Cherrier	麵包・甜點	蒙馬特4-b	94
阿諾・拉耶	甜點・巧克力	蒙馬特4-b	96
拉杜蕾	甜點・馬卡龍・咖啡廳	香榭麗舍5-a	98
樂穆瓦尼	可麗露・巧克力	艾菲爾鐵塔6-a	112
媽媽甜點鋪	巧克力	艾菲爾鐵塔6-a	112
理查櫃檯	咖啡・紅茶	艾菲爾鐵塔6-a	112
Pain de Sucre	糕點・麵包・熟食	龐畢度／巴黎市政廳7-a	119
普哈呂	帕林內果仁糖・巧克力	龐畢度／巴黎市政廳7-a	120
普哈斯林馬澤之家	帕林內果仁糖・巧克力	龐畢度／巴黎市政廳7-a	120
lov 有機茶	紅茶・香草茶	龐畢度／巴黎市政廳7-a	120
普羅旺斯初榨	橄欖油	西堤島／聖路易島8-a	123
Franck Kestener	巧克力	拉丁區11-a	136
糖果皇宮	法國知名甜點	拉丁區11-a	137

服飾・包包・鞋子・飾品

La Cerise sur le Chapeau	帽子	聖日爾曼德佩1-a	36
La Boutique de Louise	飾品・生活雜貨	聖日爾曼德佩1-a	40
Polder	飾品・包包・鞋子	聖日爾曼德佩1-a	41
Annabel Winship	鞋子	聖日爾曼德佩1-a	41
Eleven Paris	女裝・男裝	聖日爾曼德佩1-c	50
Monsieur Paris	飾品	瑪黑3-b	80
AB33	精品店	瑪黑3-b	80
Vanina Escoubet	女裝	蒙馬特4-a	91
Sofkipeut	包包・飾品	蒙馬特4-b	95
Emmanuelle Zysman	飾品	蒙馬特4-b	96
路易威登旗艦店	包包・女裝・男裝	香榭麗舍5-a	98
LE66	概念店	香榭麗舍5-a	100
H&M	女裝・男裝	香榭麗舍5-a	104
Abercormbie&Fitch	男女服飾	香榭麗舍5-a	104
bash	女裝	艾菲爾鐵塔6-a	112
Dear	飾品・包包	龐畢度／巴黎市政廳7-a	119
58m	鞋子・包包	龐畢度／巴黎市政廳7-a	120
78isl	精品店	西堤島／聖路易島8-a	124
Dante&Maria	飾品	聖馬丁運河／共和廣場9-a	128
Medecine Douce	飾品	聖馬丁運河／共和廣場9-a	129
SoWeAre（blablabla）	精品店	巴士底10-a	131
娜迪亞・卡爾洛緹	飾品・生活雜貨	巴士底10-a	132
Des Petits Hauts	女裝	巴士底10-a	133

生活雜貨

Georges&Co	文具用品	聖日爾曼德佩1-b	46
Galerie Salon	餐具・骨董	聖日爾曼德佩1-c	48
L'effet Maison	廚房用品	歌劇院2-a	59
Christofle	餐具	歌劇院2-a	61
HOME Autour du Monde	傢飾精品・服飾	瑪黑區3-a	73
Au Petit Bonheur la Chance	骨董舊貨	瑪黑區3-a	74
merci	概念店	瑪黑區3-b	67
Le Rocketship	咖啡廳・生活雜貨	蒙馬特4-a	86
Tombées du Camion	飾品零件・生活雜貨	蒙馬特4-b	95
Publicis Drugstore	藥妝店	香榭麗舍5-a	104
L'Illustre Boutique	海報・生活雜貨	龐畢度／巴黎市政廳7-a	116
Pylones	伴手禮・生活雜貨	西堤島／聖路易島8-a	124
Pop Market	伴手禮・生活雜貨	聖馬丁運河／共和廣場9-a	128
Pipoca	兒童用品・生活雜貨	拉丁區11-a	136

information

搭乘法航的豪華經濟艙展開巴黎之旅

1

2

3

4

5

1.空中巴士A380是超大型客機。**2.**Bio。 **3.**Traditional。連同訂位時或者距離出發的24小時以前預約。 **4.**豪華經濟艙的座椅。**5.**綠意盎然的「Satellite 4」讓人印象深刻。

法航的WEB網站
http://www.airfrance.com
法航的行動網頁
http://www.mobile.airfrance.com
●洽詢專線
(02) 7707-4701
＊2005年，法航與荷航合併，組成歐洲最大航空集團。

搭乘法航的特色是，每一位旅客在搭機的過程中都可以感受到濃濃的法國味。法航A380客機的豪華經濟艙共有38席，每一個座位都設有外殼保護，提供腳部更寬敞的舒展空間，使長程飛行的品質大為提升。搭乘豪華經濟艙的旅客，除了享有優先報到和優先登機的服務，還可以托運兩件23kg的行李，不必擔心買太多東西。此外值得注意的是，從巴黎出發的豪華經濟艙和經濟艙，推出了單點菜單（La Carte Menu）的服務。菜色包括傳統法式料理「Traditional」（18€）、完全採用有機食材的「Bio」（22€）、由雷諾特餐飲學校的主廚設計的「Lenotre Selection」（28€），另外還有海鮮和義大利料理等。乘客可以從這五款佳餚選擇自己喜歡的料理，享受上餐廳點菜的樂趣，或用手機也可以預約餐點。另外，還能自行預約班機、自助報到等。記得到了回國當天，請早一點完成報到手續，才有充裕的時間到戴高樂機場新設的「Satellite 4」進行最後採購，或者到貴賓室休息。相信這一趟隨心所欲的巴黎之旅，一定能讓你留下永難忘懷的美好回憶。

結語

拜各種旅遊書籍的出版和網路普及所賜，巴黎的旅遊情報可說唾手可得，而且資訊量也很驚人。即使如此，和從日本到巴黎來玩的人聊過天以後，我們發現「除了有名的觀光景點，我也不知道哪裡有真正很有巴黎特色的店」「大部分的店家星期天都沒有營業，沒辦法盡情購物，好可惜」、「我想去的景點都太過分散，所以沒辦法把一天的行程安排得很順」等是很多人共通的困擾。這些心聲讓我們深深的體會到：不論把旅遊書翻得再熟，想要在短時間之內，安排出一份緊湊、效率高的旅遊行程，難度實在很高。

所以我們才起心動念，希望嘗試以「按照星期＆地區」的新觀點，打造一本前所未有的旅遊書籍！但是，一次又一次的錯誤，讓我們充分感受到，要將「簡單散步巴黎」的概念付諸實行，真的不是件簡單的事。尤其是一整個星期的每天推薦行程，我們可是發揮了所有的想像力，拼命模擬著「如果有朋友來巴黎，我們會帶他們去哪裡」；另外，也拿出了這些年在巴黎生活所累積的Know-how，想辦法安排出「不用轉搭，一班車直達」的地鐵路線。總之，在我倆不斷的腦力激盪之下，我們回憶起當初首度造訪巴黎的心情，逐一拍板定案每個行程。

藉此機會，我們要感謝設計師塚田佳奈小姐，她不但連每個小細節都達到我們的任性要求，在排版上也確實做到「容易閱讀、方便使用、外觀賞心悅目」的水準；另外還有製作旅遊書必備的地圖的Atelier Plan公司。最後還有陪我們一路走來，給予最多支持的PIE BOOKS的長谷川卓美小姐。

Mille mercis à tous les magasins et les restaurateurs qui nous ont chaleureusement accueillies.

2012年10月　於巴黎

荻野雅代・櫻井道子　TRICOLOR PARIS

笛藤出版推薦選書

今天開始學法語《基礎篇》
(附中法發聲MP3)

大場靜枝、佐藤淳一、柴田茉莉子 著
ISBN：9789577106162
定價：320元

今天開始學法語《進階篇》
(附中法發聲MP3)

沢辺有司、大磯仁志 著
ISBN：9789577106360
定價：380元

彩繪輕鬆記：漫步巴黎學法語
(附中法對照MP3)

小松久江 著
ISBN：9789577105882
定價：280元

小王子 中•英•法對照典藏精裝版
(附情境配樂中·英·法朗讀MP3)

安東尼·聖修伯里 著
ISBN：9789577106421
定價：320元

彩繪法語
(附MP3)

杉山貴美、ASAMI. C 著
ISBN：9577104525
定價：220元

新書預告

Bonjour Paris! 散步巴黎説法語
(附中法發聲MP3)

TRICOLOR PARIS、荻野雅代、櫻井道子 著
ISBN：9789577106551
定價：300元

作者簡介

荻野雅代

出生於日本新瀉縣。從高中時代開始迷戀法國的電影和音樂。2002年，終於如願赴法。從法國新浪潮到法國流行音樂皆如數家珍，甚至連法國的八卦新聞也瞭若指掌，讓土生土長的法國人也不禁嘖嘖稱奇。最愛可愛的生活雜貨和飾品，花錢買衣服絕不手軟，甚至也曾在採訪店家時，順便採購一番。

櫻井道子

出生於日本京都府。愛上法國的契機始於96年到巴黎唸語言學校。從2000年開始定居於巴黎。不論是工作所需，還是個人的休閒活動，最愛漫步在巴黎的街頭；一到周末，必定出門前往尚未探訪的地帶。也是無藥可救的貪吃鬼，偵測美食的雷達全年無休，準備隨時出動。

TRICOLOR PARIS

在法國定居的日本雙人組（荻野雅代、櫻井道子），2010年建立的網站，介紹巴黎和巴黎的最新資訊。除了推薦服飾店、餐廳、大型活動等觀光訊息，也會發揮其特殊獨到的眼光，以「天氣　服裝日曆」的觀點，為大家介紹巴黎最真實的一面。著作包括《走一圈逛巴黎｛1日遊也行得通！｝》（大和書房）、《不吃不可的巴黎美食》（Softbank Creative）。

以下的連結有TRICOLOR PARIS書中所介紹的店家之最新資訊

http://www.tricolorparis.com

Bon voyage !

國家圖書館出版品預行編目 (CIP) 資料

Bonjour Paris! 說走就走！巴黎散步去 / 荻野雅代、櫻井道子著；藍嘉楹翻譯 . -- 初版 . -- 臺北市：笛藤，2015.06
面； 公分
ISBN 978-957-710-652-0(平裝)

1. 旅遊 2. 法國巴黎

742.719 104007605

Original Japanese title : Youbi-betsu&Chiku-betsu Kanntan Paris Aruki
Originally published in Japanese by PIE International in 2012.
PIE International
2-32-4 Minami-Otsuka, Toshima-ku, Tokyo 170-0005 JAPAN

Bonjour Paris 說走就走！巴黎散步去 定價 280 元

2015 年 6 月 24 日 初版第 1 刷

■ 著者：荻野雅代・櫻井道子 ■ 翻譯：藍嘉楹
■ 總編輯：賴巧凌
■ 編輯：賴巧凌・陳思穎
■ 編輯協力：林子鈺・夏瑋茹・陳姵儒
■ 內頁排版 ・ 封面設計：果實文化設計

■ 發行人：林建仲
■ 發行所：笛藤出版圖書有限公司
■ 地址：台北市重慶南路三段一號三樓之一
■ 電話：(02)2358-3891 ■ 傳真：(02)2358-3902

■ 製版廠：造極彩色印刷製版股份有限公司
■ 地址：新北市中和區中山路二段 340 巷 36 號
■ 電話：(02)2240-0333・(02)2248-3904
■ 總經銷：聯合發行股份有限公司
■ 地址：新北市新店區寶橋路 235 巷 6 弄 6 號 2 樓
■ 電話：(02)2917-8022・(02)2917-8042

訂書劃撥帳戶：八方出版股份有限公司
訂書劃撥帳號：19809050